Preconceito e intolerância na linguagem

COLEÇÃO **LINGUAGEM & ENSINO**

Análise e produção de textos Leonor W. Santos, Rosa C. Riche e Claudia S. Teixeira
A força das palavras Ana Lúcia Tinoco Cabral
A frase na boca do povo Hudinilson Urbano
A leitura dos quadrinhos Paulo Ramos
Leitura do texto literário Ernani Terra
Leitura e persuasão Luiz Antonio Ferreira
O texto publicitário na sala de aula Nelly Carvalho
Os sentidos do texto Mônica Magalhães Cavalcante
Preconceito e intolerância na linguagem Marli Quadros Leite
Texto, discurso e ensino Elisa Guimarães
Verbo e práticas discursivas Maria Valíria Vargas

Conselho Acadêmico
Ataliba Teixeira de Castilho
Carlos Eduardo Lins da Silva
Carlos Fico
Jaime Cordeiro
José Luiz Fiorin
Tania Regina de Luca

Proibida a reprodução total ou parcial em qualquer mídia
sem a autorização escrita da editora.
Os infratores estão sujeitos às penas da lei.

A Editora não é responsável pelo conteúdo deste livro.
A Autora conhece os fatos narrados, pelos quais é responsável,
assim como se responsabiliza pelos juízos emitidos.

Consulte nosso catálogo completo e últimos lançamentos em **www.editoracontexto.com.br**.

Preconceito e intolerância na linguagem

Marli Quadros Leite

COLEÇÃO LINGUAGEM & ENSINO
Coordenação de Vanda Maria Elias

Copyright © 2008 Marli Quadros Leite

Todos os direitos desta edição reservados à
Editora Contexto (Editora Pinsky Ltda.)

Montagem de capa e diagramação
Gustavo S. Vilas Boas

Revisão
Daniela Marini Iwamoto
Fernanda Batista dos Santos

Dados Internacionais de Catalogação na Publicação (CIP)
(Câmara Brasileira do Livro, SP, Brasil)

Leite, Marli Quadros
Preconceito e intolerância na linguagem / Marli Quadros Leite. –
2. ed. – São Paulo : Contexto, 2025. –
(Coleção linguagem & ensino)

Bibliografia
ISBN 978-85-7244-392-0

1. Intolerância 2. Linguagem 3. Preconceitos I. Título.
II. Série.

08-01390   CDD-306.44

Índice para catálogo sistemático:
1. Preconceito e intolerância na linguagem : Sociologia 306.44

2025

EDITORA CONTEXTO
Diretor editorial: *Jaime Pinsky*

Rua Dr. José Elias, 520 – Alto da Lapa
05083-030 – São Paulo – SP
PABX: (11) 3832 5838
contexto@editoracontexto.com.br
www.editoracontexto.com.br

*A educação é a produção de uma
consciência verdadeira.*
Theodor W. Adorno

*A tolerância é um cessar-fogo na guerra
das diferenças, mas ainda não é a paz.*
Sérgio Rouanet

Lorena, Orlando Neto e *Lara*
Meus amores.

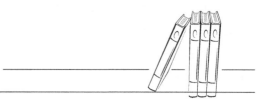

Sumário

Apresentação.. 9

Introdução 13

Preconceito e intolerância na linguagem:
algumas reflexões 17
    Reconhecendo e distinguindo
        o preconceito e a intolerância linguísticos............20
    O preconceito e o discurso.......................................27

Vestígios do preconceito linguístico na imprensa........ 31
    A visão do preconceito pelas entrevistas....................31
    A denúncia do preconceito
        pelas cartas de leitores..34
    O preconceito no ensaio 35
    O preconceito comentado em notícias......................36
    O preconceito respingado
        nas crônicas e congêneres..43

A imprensa linguisticamente intolerante 55

Primeiras reflexões:
norma linguística e intolerância 55

Intolerância pelos artigos jornalísticos 59

Intolerância pelas crônicas 72

Intolerância pelas cartas de leitores 74

Intolerância pelas reportagens 90

A educação afetada pela intolerância ou preconceito da linguagem 105

Norma culta, comum e popular
e o problema da intolerância linguística 106

Caça às bruxas 121

Conclusão 133

Referências bibliográficas 139

A autora 143

Apresentação

O livro *Preconceito e intolerância na linguagem*, de Marli Quadros Leite, agrada, qualquer que seja a perspectiva escolhida: bem escrito, desenvolve o tema sempre atual do preconceito e da intolerância, insere-se com segurança no quadro dos estudos linguísticos, apresenta análises atraentes e sólidas de discursos veiculados, sobretudo, pela imprensa escrita.

A autora reúne alguns resultados da pesquisa que desenvolve há vários anos, na Universidade de São Paulo e, em especial e mais recentemente, no âmbito do Laboratório de Estudos sobre a Intolerância – LEI. Dos projetos de pesquisa do laboratório participam antropólogos, historiadores, estudiosos de literatura, sociólogos, filósofos, psicólogos e linguistas. Entre esses projetos encontra-se o de estudo das formas linguísticas de intolerância e de preconceito, e de resistência a essas manifestações, em que a pesquisa tem principalmente três direções: o estudo das intolerâncias em relação a outras línguas, as *estrangeiras*; a análise dos preconceitos que determinam socialmente os usos de uma mesma língua; e o exame dos procedimentos de construção dos discursos intolerantes nas diferentes sociedades. As reflexões e pesquisas de Marli Quadros Leite inscrevem-se, principalmente, nas duas últimas direções apontadas e produzem, assim, conhecimento novo sobre a organização linguística e social do país.

O livro toma três caminhos: o primeiro, mais teórico, em que a autora estabelece conceitos adequados ao exame da intolerância e do preconceito na linguagem, com as preocupações principais de diferenciar e precisar as noções de intolerância e de preconceito, e de aproximar as de norma linguística e de intolerância; o segundo, em que realiza análises e leituras de diferentes tipos de discursos da mídia em busca das formas explícitas e dos *vestígios* de preconceito nesses discursos, e das marcas de intolerância linguística na imprensa escrita; e aquele que aponta as decorrências dessas formas de intolerância na educação. Articulam-se, assim, a atualidade e a novidade do debate teórico sobre a intolerância, com análises bem acabadas dos discursos da imprensa escrita, em que a intolerância se mostra em comentários claros ou se deixa entrever como *respingos* de preconceito, e, ainda, com a contribuição significativa para uma educação linguística menos marcada pela intolerância.

Este livro interessa, dessa forma, a linguistas, educadores, jornalistas e estudiosos da comunicação, mas também a um público mais amplo, muito preocupado, em geral, com os usos linguísticos e com as determinações sociais que sobre eles incidem, pois alia a atração do assunto escolhido com o encanto de um texto em que se somam, com coerência, as análises efetuadas e os resultados alcançados. Deve-se ressaltar, finalmente, que, se a intolerância e o preconceito na linguagem estão, em geral, bem camuflados nos discursos ou neles servem para esconder outras formas de intolerância, menos aceitas ou mesmo proibidas socialmente, o trabalho de Marli Quadros Leite põe à vista o que, no dizer de Guimarães Rosa, *estava tão claro como água suja.*

Diana Luz Pessoa de Barros
Universidade de São Paulo
Universidade Presbiteriana Mackenzie
Laboratório de Estudos sobre a Intolerância

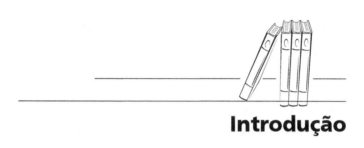

Introdução

Como a intolerância linguística passa quase despercebida pela opinião pública e não provoca sérios abalos sociais, da mesma forma que aqueles provenientes da intolerância religiosa ou política, parece nem existir. Contudo, a intolerância linguística existe e é tão agressiva quanto outra qualquer, pois atinge o cerne das individualidades. A linguagem é o que o homem tem de mais íntimo e o que representa a sua subjetividade. Não é exagero, portanto, dizer que uma crítica à linguagem do outro é uma arma que fere tanto quanto todas as armas.

O preconceito e a intolerância linguísticos revelam o comportamento de um falante diante da linguagem de outro e é, pois, um fato de *atitude linguística*. Como tudo o que diz respeito à linguagem, a atitude linguística não pode apenas ser interpretada como um assunto puramente pertinente ao domínio da língua. Antes de tudo, como sabemos muito bem, a linguagem é social, plena de valores, é axiológica e, por meio dela, consciente ou inconscientemente, o falante mostra a sua ideologia. Por isso, é preciso deixar claro que estudar o preconceito e a intolerância é ir além de fatos e opiniões que dizem respeito à língua e sua realização.

A metalinguagem intolerante (ou preconceituosa) camufla (ou denuncia) outros preconceitos, de todas as ordens. Isso significa que o preconceito ou a intolerância não são somente linguísticos, são também de outra ordem (social, política, religiosa, racial etc.). Embora tudo isso seja verdadeiro, nosso intuito neste livro é focalizar o lado linguístico-discursivo de ambos os fenômenos a fim de mostrar ao leitor como eles se alojam no discurso e, muitas vezes, passam sem alarde.

Professores, estudantes e usuários em geral da língua devem saber reconhecer o preconceito e a intolerância linguísticos para, de um lado, atuar critica e conscientemente diante de ocorrências desses fenômenos e, de outro, para ajudar a evitar sua manifestação. Tal atitude faz parte da formação integral do cidadão, pois é, também, indicativo de respeito pelas diferenças do outro. A linguagem é um fenômeno multiforme e heteroclítico, que se manifesta diversamente de usuário para usuário, de circunstância para circunstância, mas a atitude dos preconceituosos e dos intolerantes é homogeneizadora e, portanto, surge para exigir o cumprimento de padrões uniformizadores em detrimento de variáveis importantes, como o respeito pela integridade da pessoa. É nessa direção, na da observação de princípios, que o discurso deste livro se constrói.

Como nem o preconceito nem a intolerância relativos à linguagem foram até o momento, pelo menos no Brasil, estudados com o rigor teórico que o tema exige, partiremos de conceitos formulados para a questão por estudiosos de outras áreas do conhecimento, como, por exemplo, pelos filósofos. Com base, então, na perspectiva filosófica dos conceitos de tolerância, Voltaire (1994 [1764]), Dascal, (1989), e de intolerância, Bobbio (1992) e Rouanet (2003), adaptados para o estudo da linguagem, analisaremos fatos de preconceito e intolerância, veiculados pela imprensa contemporânea e divulgados entre os anos de 1990 e 2006.

Aqui o leitor encontrará detida análise tanto sobre o preconceito linguístico quanto sobre a intolerância, com base em casos divulgados em jornais e revistas de grande circulação. Como ficará evidente no decorrer deste livro, do ano 2000 em diante a linguagem do presidente Lula é o foco de comentários linguísticos restritivos ou desabonadores. É importante lembrar que todos os que criticam a linguagem do presidente conhecem sua origem e sabem que, embora discursivamente competente, sua *performance* linguística apresenta algumas falhas no que diz respeito ao atendimento dos cânones gramaticais, pois sua linguagem, como é de se esperar, traz as marcas de sua formação. O que cabe observar a esse respeito não é o fato de o presidente falar "certo ou errado", mas o fato de os críticos usarem a linguagem para atacar, depreciar, diminuir e humilhar o ser humano, nunca aceitando suas diferenças. Essa é a atitude que caracteriza o preconceito ou a intolerância, como veremos a seguir.

Convém esclarecer que o estudo sobre o preconceito e a intolerância relativos à linguagem, como o temos desenvolvido ao longo de alguns anos, liga-se a pesquisas mais amplas sobre intolerância e resistência que se vêm realizando no *Laboratório de Estudos da Intolerância* – LEI, sediado na Universidade de São Paulo (USP). O Laboratório acolhe pesquisadores de todas as partes do Brasil e também de outros lugares do mundo.

As discussões sobre intolerância no âmbito do LEI – travadas com estudiosos de diversas áreas do conhecimento, como filosofia, política, teologia, história, geografia, psicanálise e tantas outras – impulsionou-nos, a nós, pesquisadores do grupo de linguística, a procurar definir o campo de atuação em que atuaríamos e a buscar, principalmente pelo estudo de textos filosóficos, precisão conceitual e metodológica para o desenvolvimento de nossas pesquisas. No primeiro momento de trabalho, no LEI, foi o que fizemos: formar conceitos e definir metodologia com os quais operaríamos. Por esse motivo, agora podemos oferecer ao público-leitor interessado no assunto um livro que trata de maneira sistemática desse problema.

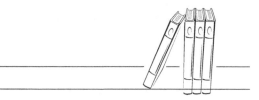

Preconceito e intolerância na linguagem: algumas reflexões

No mundo moderno, pela expansão das mídias, a todo momento acontecem episódios em que as pessoas experimentam, ou simplesmente tomam conhecimento de casos de preconceito ou de intolerância, materializados pela linguagem. Neste livro, procuraremos dar alguns exemplos dessas situações para mostrar como tais fenômenos são traiçoeiros e, muitas vezes, ocorrem sem que as pessoas os percebam.

Antes mesmo de refletir mais demoradamente sobre o assunto, mas já demonstrando como é fácil flagrar o fenômeno, apresentamos um texto jornalístico em que, talvez até sem perceber, o autor valida o preconceito contra "o nordestino" ao comentar as falcatruas do senador Renan Calheiros. Leia-se o texto:[1]

O crepúsculo de Renan

É impossível prever o desfecho da crise na qual mergulhou o presidente do Senado, Renan Calheiros (PMDB-AL). Como o processo já começou, ele só pode ser absolvido ou cassado. Não há mais a hipótese de renunciar para fugir de uma eventual punição. Há um certo tom patético em todo o caso, como nos escândalos políticos midiáticos de qualquer país. Homem casado, relação fora do casamento, filha, mulher bonita, pensão em dinheiro vivo e rebanho de gado fabuloso no interior de Alagoas. O azar de Renan é a fácil inteligibilidade da sua encrenca. Poucos brasileiros sabem descrever o longínquo caso dos precatórios ou mesmo o conteúdo da recente Operação Hurricane, da PF.

Mas filha fora do casamento, dinheiro vivo e vacas milionárias suspeitas todos entendem. Para completar, Renan Calheiros não é um qualquer. Preside o Senado. Foi aliado de todos os governos pós-ditadura militar: Sarney, Collor, Itamar, FHC e Lula. *Tem sotaque nordestino. É o protótipo do político marcado para ser detestado no Sul e no Sudeste – mesmo que os eleitores dessas regiões despachem para Brasília certos clones caucasianos do mesmo Renan.* (grifo nosso)

Inocentado ou condenado, o senador alagoano já é um político em processo avançado de desidratação. Antes do Renangate, ajudava a conduzir a aliança de seu partido, o PMDB, com Lula. Exalava perspectiva de poder. Sonhava ser candidato a vice-presidente numa chapa competitiva em 2010. A chance de Renan vir a ser vice-presidente agora tende a zero. Do ponto de vista político, pouco importa se os bois renanzistas existem ou qual foi o valor de venda. O presidente do Senado fragilizou-se de maneira irreversível. Se não for cassado, poderá continuar no Congresso ainda muitos anos. Mas sua carreira terá entrado numa longa e cinzenta fase crepuscular.

Qual é o problema do texto? A crítica do jornalista à situação em que o senador se envolveu? A crítica ao político? Não. O que denigre o texto é a declaração de que o senador pode ser odiado por ter uma dada origem, denunciada pela linguagem – nesse caso a nordestina –, e que por isso não é probo. Pela afirmação, ou melhor, pelos argumentos apresentados, várias pressuposições ficam plantadas: primeira, a de que todos os políticos nordestinos são desonestos; segunda, a de que os habitantes do Sul e Sudeste odeiam o sotaque nordestino e, consequentemente, seus usuários; terceira, a de que somente o Sul e Sudeste podem ter homens brancos (caucasianos) e que raros seriam desonestos; e, finalmente, que os nordestinos são de outra raça/etnia que não a branca, própria das pessoas do Sul e Sudeste, e que por isso não são honestos. Está aí materializado pela linguagem o preconceito social, racial e linguístico, simultaneamente. Seria diferente se dissesse: "É desonesto. É o protótipo do político marcado para ser detestado no país inteiro".

É claro que o autor pensou em dizer que o senador tem tudo para ser odiado pelo conjunto de características que reúne: é senador, foi aliado de todos os governos pós-ditadura **e** que o sotaque nordestino lembra outros políticos desonestos de mesma origem. É importante dizer que a frase "É o protótipo do político **marcado** para ser detestado no país inteiro" indica que o autor atenua as afirmações e não assume o preconceito, mas suas afirmações validam insidiosamente o preconceito. Por isso, o argumento linguístico/geográfico é descabido. Além disso, esse último formalizou-se como argumento principal porque a frase curta, telegráfica, "*Tem sotaque nordestino*", é forte, está lá para "ganhar" o leitor e é sobre ela que está a ênfase linguística e também o preconceito.

Reconhecendo e distinguindo o preconceito e a intolerância linguísticos

À primeira vista, pode-se dizer simplesmente que as palavras *preconceito* e *intolerância* são sinônimas. Um exame um pouco mais detido, contudo, pode mostrar que *preconceito* é a ideia, a opinião ou o sentimento que pode conduzir o indivíduo à *intolerância*, à atitude de não admitir opinião divergente e, por isso, à atitude de reagir com violência ou agressividade a certas situações. Isso indica uma primeira diferença: o traço semântico mais forte registrado no sentido de *intolerância* é o de ser um *comportamento*, uma *reação explícita* a uma ideia ou opinião contra a qual se pode objetar. Não constitui simplesmente uma discordância tácita. Um *preconceito*, ao contrário, pode existir sem jamais se revelar e, por isso, existe antes da crítica.

Voltaire, no *Dicionário filosófico*, delineia certa diferença entre os termos, pois, ao definir *preconceito*, diz: "o preconceito é uma opinião sem julgamento" (p. 428) e, ainda mais, até afirma a existência de "preconceitos universais, necessários, que representam a própria virtude" (ibid.), dentre os quais cita a crença em "um Deus remunerador e vingador" (ibid.). Disso se conclui, pois, que o filósofo admitia o bom ou mau preconceito. No *Dicionário filosófico* não há o verbete *intolerância*, mas se pode chegar a esse conceito pelo de *tolerância*, definida como o "apanágio da humanidade" (p. 475), isto é, um privilégio, uma regalia, uma vantagem, fato que, como se sabe, não é próprio de todos os seres humanos, em todas as circunstâncias de suas vidas. A ausência da tolerância, conforme se pode deduzir do discurso de Voltaire, é a dificuldade de o ser humano aceitar *bipolaridades*, especificamente as religiosas, o que pode levar o homem a um comportamento agressivo, à perseguição do adversário.

Atravessando séculos, do XVIII ao XX, tomemos as ideias de Norberto Bobbio, filósofo italiano morto recentemente (2004). Ao tratar das "razões da tolerância", esse filósofo examina dois dos principais significados que a palavra *tolerância* tem, para, a partir disso, formular os conceitos de *preconceito* e *intolerância*. O termo *tolerância*, diz ele, pode, em seu sentido mais comum, ser empregado em referência à aceitação da diversidade de crenças e opiniões, principalmente religiosas e políticas. A intolerância, pois, refere-se à incapacidade de o indivíduo conviver com a diversidade de conceitos, crenças e opiniões (Bobbio, 1992, pp. 203-4). Conforme Rouanet (2003, pp. 10-12) afirma,

> muito sumariamente, a intolerância pode ser definida como uma atitude de ódio sistemático e de agressividade irracional com relação a indivíduos e grupos específicos, à sua maneira de ser, a seu estilo de vida e às suas crenças e convicções. Essa atitude genérica se atualiza em manifestações múltiplas, de caráter religioso, nacional, racial, étnico e outros.

Dentro desse "outros" situamos a intolerância linguística. O que é essencial disso é que a intolerância gera discursos sobre a *verdade* (ou *verdades*) e, também, sobre a compatibilidade/incompatibilidade teórica ou prática de duas verdades que se contrapõem.

Já o *preconceito*, embora tenha em comum com o significado de intolerância a não aceitação da *diferença* do outro, o que também se manifesta comportamentalmente, não leva o sujeito à construção de um discurso acusatório sobre a diferença, porque o *preconceito* pode construir-se sobre o que nem foi pensado, mas apenas assimilado culturalmente ou plasmado em irracionalidades, emoções e sentimentos. O *preconceito*, portanto, não tem origem na crítica, mas na tradição, no costume ou na autoridade. Pode o *preconceito* redundar em uma discriminação, mas não se manifesta discursivamente sobre argumentos que visam a sustentar "verdades" (Bobbio, 1992, pp. 203-16).

Apesar de as duas concepções examinadas serem diferentes, pode-se extrair de ambas a mesma lição: o *preconceito* não surge exclusivamente de uma dicotomia. Pode ser uma rejeição, um "não querer" ou um "não gostar" sem razão, amorfos, e pode até mesmo não se manifestar; a intolerância, por sua vez, nasce necessariamente de julgamentos, de contrários, e se manifesta discursivamente. É resultado da crítica e do julgamento de ideias, valores, opiniões e práticas.

Assim como Voltaire reconheceu "o bom e o mau preconceito", e outros autores, como comprovado na história da filosofia, detiveram-se na análise de conotações positivas e negativas da tolerância, Bobbio fala de valores positivos e negativos tanto da tolerância quanto da intolerância.

Conforme comenta Dascal (1989), Locke, no *Ensaio do entendimento humano*, diz que o governo deve "tolerar" religiões e ideias "diferentes", mesmo falsas, desde que não prejudiquem a sociedade. O autor lembra também que Stuart Mill, em *Sobre a liberdade*, afirma, ao comentar a filosofia da "nova revelação" dos mórmons, da qual discorda, que a sociedade deve ser tolerante com ideias e conceitos dos outros, mesmo os errados, se não houver violência para impô-los. Dascal "concorda discordando" dessa situação: concorda com o princípio de que os diferentes têm direitos, mas discorda dos argumentos usados nos dois casos citados. O argumento suficiente em tal situação deveria ser, literalmente, como expõe o filósofo:

Não tenho o monopólio da verdade ou da moralidade, e por isso devo respeitar ideias diferentes da minha como capazes de ser tão verdadeiras ou morais como a minha. Desta forma, a tolerância deixa de ser um princípio *minimalista* que tolera o erro a partir da superioridade do "esclarecimento", e passa a ser um princípio *maximalista* que reconhece a possibilidade de que o "tolerado" talvez tenha razão, e que, portanto, suas ideias merecem respeito e não apenas paciência. (Dascal, 1989, p. 221)

Os termos são polares, portanto, o sentido de um faz-se por oposição ao do outro. Entre os dois polos há um *continuum* em que se podem identificar três regiões: duas muito próximas de cada um dos polos, o que Bobbio denomina "pontos de abstração", e a terceira intermediária entre ambos, denominada "zona cinzenta" em relação aos conceitos de cada ponta. Segundo entendemos, nessa zona cinzenta pode estar o "ponto de equilíbrio" e de racionalidade sobre a realidade e as ideias do *mesmo* (EU) em face do *outro* (TU). Nas duas zonas de abstração, nos polos, tanto pode haver como não haver racionalidade, daí a existência dos valores negativo e positivo para cada conceito/comportamento. O gráfico a seguir concretiza essa ideia:

Os dois conceitos, de tolerância e de intolerância, são relativos e históricos: há situações que exigem do homem uma reação de intolerância e outras que exigem a tolerância; assim, "em sentido positivo, tolerância se opõe a intolerância em sentido negativo" e vice-versa. Nada explica melhor essas ideias que as palavras da seguinte citação:

> Intolerância em sentido positivo é sinônimo de severidade, rigor, firmeza, qualidades todas que se incluem no âmbito das virtudes; tolerância em sentido negativo, ao contrário, é sinônimo de indulgência culposa, de condescendência com o mal, com o erro, por falta de princípios, por amor da vida tranquila ou por cegueira diante dos valores. (Bobbio, op. cit., p. 210)

A intolerância negativa caracteriza-se por situações em que ocorre "indevida exclusão do diferente" (Bobbio, op. cit., p. 211). Essa exclusão, como a história mostra, não é silenciosa, ao contrário, implica comportamentos violentos, agressivos, que atingem o outro na sua integridade física, moral ou racial. A tolerância positiva é silenciosa e implica a aceitação e respeito pelo outro. Já a tolerância negativa, também silenciosa, não implica a aceitação do outro nem o respeito por suas ideias.

O *preconceito* pode até ser confundido com o sentido negativo de *tolerância*. O termo *tolerância* foi, e é por alguns, compreendido por seu lado negativo, o da passividade que tendeu a prevalecer nas línguas românicas. Isso quer dizer que "ser tolerante adquiriu o significado de estar disposto a aguentar aquilo que não nos parece correto ou aceitável, seja por um sentido de justiça, seja por não termos outro jeito" (Dascal, op. cit., p. 218). É o caso de, simplesmente, "suportar" o outro ou o jeito e a linguagem do outro, e não de aceitá-lo, de compreender e respeitar a sua maneira de ser ou de falar, encarando-a como legítima. Esse comportamento ambíguo pode resultar, em momentos decisivos, em ações discriminatórias.

A partir do campo dessa temática filosófica, especificamente em relação à língua, pode-se falar tanto de *preconceito* quanto de *intolerância*, reconhecendo, contudo, as diferenças entre ambos. O *preconceito* é a discriminação silenciosa e sorrateira que o indivíduo pode ter em relação à linguagem do *outro*: é um *não gostar*, um achar-feio ou achar-errado um *uso* (ou uma língua), sem a discussão do contrário, daquilo que poderia configurar o que viesse a ser o bonito ou correto. É um não gostar sem ação discursiva clara sobre o fato rejeitado. A intolerância, ao contrário, é ruidosa, explícita, porque, necessariamente, se manifesta por um *discurso metalinguístico* calcado em dicotomias, em contrários, como, por exemplo, *tradição* x *modernidade*, *saber* x *não saber* e outras congêneres.

Sob certo ponto de vista, somos todos, hipoteticamente, "preconceituosos", já que agimos e interpretamos o mundo de acordo com a nossa formação ideológica. Rouanet (2003) vai mais longe nessa ideia porque diz que, no fundo, todos nós somos intolerantes, desde a origem dos seres humanos, descendentes dos australopitecos, que marcavam seu território com urina para impedir a entrada da horda rival. Por isso, explica:

> Gênero de primatas simiiformes, hominídeos, que habitaram a África austral no plioceno, época em que surgem os primeiros hominídeos, e no início do plistoceno, época em que surgiu o homem com as características atuais e cujos vestígios foram descobertos em 1925.

> Essa herança ainda sobrevive em todos nós e aparece sem nenhuma censura nas sociedades ditas primitivas, que reservam para sua própria comunidade o atributo de "homens", enquanto as demais são constituídas por "não homens". A essa causa filogenética, hereditária, acrescenta-se uma causa ontogenética. Tendemos a nos identificar com o grupo a que pertencemos, porque o investimos com uma forte libido narcísica. Amamos o grupo como amávamos a nós mesmos na fase do narcisismo primário, na fase em que éramos nosso único objeto de amor. O grupo é a soma de todas as perfeições que o ego narcísico encontrava em si mesmo. Em compensação, odiamos com uma violenta cólera narcisista tudo o que está do lado de fora. Idealizamos nossos valores, nossos ideais, nossas realizações e depreciamos os do grupo rival. Sobrevalorizamos nosso grupo e somos intolerantes com a alteridade. (Rouanet, 2003, p. 11)

Para dar a medida justa a essas ideias, Rouanet não se esquece de dizer que isso, contudo, não caracteriza um condicionamento, mas tendências que, a depender de *fatores externos*, podem caracterizar comportamentos intolerantes. Entendemos ser essa também uma explicação cabível à origem do preconceito, pois este tem, do mesmo modo, origem na não aceitação de diferenças.

Os fatores externos a que se refere Rouanet são relacionados ao estado social dos indivíduos, às classes, que modernamente dividem o homem em grupos, e, "quase" como os australopitecos, uns não aceitam os outros, em razão de suas diferenças. Do seguinte modo, o filósofo sumariza a situação:

> Entre estes, há fatores sociais, que incluem, do ponto de vista das classes baixas, a miséria, o desemprego, a ignorância, a perda de identidade resultante da migração das áreas rurais para a cidade; do ponto de vista das classes médias, a insegurança econômica, o medo de pauperização, do "déclassement"; e, do ponto de vista da sociedade como um todo, o bombardeio ideológico da indústria cultural e a erosão dos valores tradicionais em consequência do processo de globalização. Assim, além das causas gerais de intolerância há causas diferenciadas por classes sociais. (Rouanet, op. cit., p. 11)

As diferenças linguísticas relacionadas a esses fatores unem os homens de mesmo estrato social e separam os diferentes. A linguagem é importante fator de identidade e de segregação porque denuncia diferenças desde que o homem começou a falar.

Em outra direção, sem referir-se à filogenia e à ontogenia, Dascal trata do problema de *tolerância e interpretação* invocando Wittgenstein, Quine e Davidson e diz não ser "possível sacudir com facilidade e de forma completa a poeira decorrente do *processo interpretativo* que se deposita inevitavelmente sobre as ideias, teorias e significações" (Dascal, 1989, p. 236). A metáfora da *poeira* quer dizer que cada sujeito interpreta o mundo por sua ótica, com seu *background*. O próprio autor, porém, apressa-se em explicar que nem sempre as interpretações são tendenciosas, arbitrárias e distorcidas, a favor ou contra pessoas e ideias, mas tudo começa com a interpretação que o sujeito faz do mundo. E a interpretação nunca é ingênua.

O preconceito e o discurso

O preconceito, diferentemente da intolerância, pode tornar-se uma técnica argumentativa. Do ponto de vista filosófico, o preconceito é um fenômeno que se verifica quando um sujeito discrimina ou exclui outro, a partir de concepções equivocadas, oriundas de hábitos, costumes, sentimentos ou impressões. O preconceito decorre de incompatibilidades entre *a pessoa e o ato* que ela executa, ou, ao contrário, entre *o ato e a pessoa*, incluindo-se aí o discurso (cf. Perelman, 2005, p. 352). Isso quer dizer que, se se tiver uma ideia favorável de uma pessoa, tudo o que ela fizer ou disser pode ser aceito, mesmo se o que disser ou fizer for errado, falso ou impreciso. Inversamente, se se tiver uma ideia desfavorável sobre alguém, tudo o que ela disser ou fizer pode ser rejeitado, mesmo se disser verdades ou se se comportar corretamente. A ideia favorável ou desfavorável sobre a pessoa vem de fatos exteriores (como postura, traje, linguagem em desacordo com a norma esperada etc.) e isso afeta, positiva ou negativamente, no caso do comportamento preconceituoso, o julgamento sobre a pessoa ou seus atos. O preconceito, portanto, pode ser também positivo e negativo.

Como poderia o preconceito tornar-se uma arma argumentativa? Quando, por exemplo, as características da pessoa são estendidas a seus atos ou discurso, mesmo quando a pessoa ou os atos não forem legítimos. Se a pessoa é elegante, bonita ou "fala bem", isto é, de acordo com a norma culta, seus atos e discurso (forma e conteúdo) podem ser julgados *a priori* como legítimos, bons e verdadeiros, mesmo não o sendo. E, ao contrário, se for deselegante, feia e não dominar a norma culta, tudo o que disser pode ser *a priori* desqualificado, considerado errado e falso, mesmo não o sendo.

O preconceito não se caracteriza se não houver a "incompatibilidade" entre o ato e a pessoa, e vice-versa. Para exemplificar, podemos lembrar algumas situações: quando alguém honesto, sincero e inteligente for considerado sempre "desinteligente" por usar linguagem popular; quando se considerar sempre que as pessoas pobres e humildes não têm assuntos importantes a falar, ou que são elas que usam as palavras impróprias e erradas e que, ao contrário, os ricos são inteligentes, têm o que dizer e nunca usam palavras trocadas e erradas; quando se pensa que os menos favorecidos economicamente têm linguagem menos elaborada.

Assim como os conceitos positivos de tolerância e intolerância não agridem a integridade física das pessoas, embora sejam, sob o ponto de vista da integridade moral e ética da sociedade, violentos, os de preconceito também não o são. Embora ciente dessa verdade, é bom lembrar, para justificar, segundo certo ponto de vista, a presença do valor "positivo" nesse campo, o que disse Bobbio (op. cit., p. 213): "todos devem ser tolerados, salvo os intolerantes", o que configuraria uma suposta "intolerância positiva" e, em tese, "aceitável". De acordo com outro ponto de vista, porém, a intolerância e o preconceito, de modo geral, devem ser sempre combatidos.

Preconceito positivo acontece quando as características positivas da pessoa se estendem para seus atos, ou vice-versa, mesmo quando não são corretos. Em geral, o preconceito positivo não é percebido pela sociedade (ou pelo menos não provoca reações). O que incomoda é o preconceito negativo acompanhado de reação discriminatória.

Evitar o preconceito é possível se forem tomadas precauções relativas aos sentimentos positivos e negativos que se tiver previamente em relação a pessoas, fatos e ideias. Tomar precaução significa raciocinar, levantar pontos positivos e negativos, ponderar a respeito das pessoas, circunstâncias e ideias em julgamento, para que as ações (atos e opiniões) decorrentes da avaliação sejam justas.

A seguir, passaremos a aplicar esses conceitos a exemplos concretos, observados no material que reservamos para este estudo, conforme explicamos antes.

Nota

[1] Fernando Rodrigues, *Folha de S.Paulo*, 16 jun. 2007.

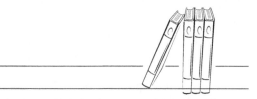

Vestígios do preconceito linguístico na imprensa

A visão do preconceito pelas entrevistas

Referências a preconceito são frequentes na imprensa, tanto relativas a fatos da realidade quanto da ficção. Em 2005, por exemplo, quando a novela *Senhora do destino*, de Aguinaldo Silva, estava no ar, o preconceito foi um assunto importante por vários motivos: primeiro, porque contava a história de uma retirante nordestina e, depois, porque, pela primeira vez, colocava na telinha escancaradamente e em horário nobre o homossexualismo feminino. No dia 10 de março de 2005, às vésperas do último capítulo da novela,

Aguinaldo Silva concedeu uma entrevista à *Folha de S.Paulo*, no caderno "Ilustrada", oportunidade em que, misturando ficção e realidade, falou de "homossexualismo, de imprensa, de nordestinos e um pouco de política", como relata Daniel Castro, o entrevistador.

O assunto do homossexualismo foi tratado sob o ponto de vista da tolerância, e o par pergunta/resposta assim se desenrolou:

> **Folha – O público, que aceitou as lésbicas de sua novela, está mais tolerante com o homossexualismo?**
> **Silva** – O Brasil sempre foi tolerante. Desde a época da colônia. Os cronistas do começo do século 20, tipo João do Rio, eram homossexuais. Pelo menos o Rio sempre foi uma cidade muito liberal. Mas, quando você vai abordar um assunto desses numa novela, tem que tomar certas precauções, porque você não está escrevendo só para o público mais esclarecido, está escrevendo para o país inteiro. Provavelmente, se as minhas meninas não fossem duas pessoas tão certinhas, e isso foi proposital, acho que criaria um mal-estar.

Nesse caso, ocorre o que Dascal (1989) descreve como *tolerância passiva*, pois, pelo que se percebe do comentário do autor, a sociedade apenas "suportou" a situação, mas não a aceitou. Para que ocorresse essa tolerância, o autor da novela, como afirmou, teve de construir personagens "certinhas". Isso significa que, espertamente, trabalhou, em primeiro lugar, para conquistar a simpatia do telespectador pelas personagens para que, depois que o público estivesse apaixonado pelas personagens, então, conseguisse aguentar seus "defeitos". Como o próprio Aguinaldo confessa, essa foi uma estratégia – a precaução – contra o possível preconceito ou intolerância dos telespectadores quanto ao problema.

Em outras sequências da entrevista, o tema do preconceito surge quando Aguinaldo Silva cruza os temas *nordestinos* e *política*. Vejamos o trecho:

Folha – Por que a novela teve tanta agressão aos nordestinos?
Silva – Olha, a gente vê isso nas ruas todo dia. Existe muito preconceito contra nordestino. Atualmente está acontecendo uma coisa que me espanta: o Lula e o Severino Cavalcanti, na verdade, são muito próximos. Mas as pessoas têm um respeito enorme pela figura do Lula, mas não têm o menor respeito pela figura do Severino. Todo o preconceito em cima do Severino é porque ele é nordestino, não por ser de direita.
Folha – Será que não?
Silva – Outros políticos de direita não são tão ridicularizados.
Folha – Então Severino é mais nordestino do que Lula?
Silva – O Lula ficou meio apaulistado. Tenho a impressão de que muita gente que jamais revelaria preconceito com relação ao Lula está se vingando no Severino.

A opinião de Silva ilustra de modo bem didático o conceito de *preconceito* sobre o qual vimos falando. O preconceito existe, mas não provoca discussões nem redunda em atos violentos. Quanto ao nordestino, o preconceito existe em decorrência de fatores econômicos e sociais, o que no eixo das regiões Sudeste/Sul já é tradicional. Observa-se que há, em geral, uma extensão, para o homem nordestino, das características sociais da região em que vive (seca, fome, miséria, analfabetismo etc.), e ele representa, desse ponto de vista, a pobreza e a ignorância. Depois, especificamente com relação a São Paulo, o nordestino sofre o preconceito pelo sentimento de invasão e desordem da cidade que a migração de pobres causa. Esse incômodo reflete-se na rejeição das características dos nordestinos: o sotaque, a linguagem, o aspecto físico, as preferências gastronômicas e culturais de modo geral. O fato de Lula ser mais aceito, na visão do novelista, deve-se à assimilação de características do *outro* (os paulistas) e, consequentemente, de rejeição de algumas de suas marcas de origem.

Nosso objetivo neste livro não é o de discutir os fundamentos políticos da opinião dos interactantes, mas mostrar como o preconceito e a intolerância se apresentam. Por isso, não questionamos, nesse caso, a opinião do entrevistado sobre os dois políticos citados, nem em outros, o conteúdo sobre o que escritores, cronistas, articulistas e jornalistas discorrem.

A denúncia do preconceito pelas cartas de leitores

Apenas para validar o que afirmamos sobre o tipo de preconceito sobre o qual vimos falando, vejamos outro exemplo. Nos jornais, encontramos muitas queixas de nordestinos contra o preconceito que dizem sentir na pele, sendo moradores de São Paulo. No "Painel do Leitor", por exemplo, vemos o comentário de um leitor:[1]

> Até quando os nordestinos de São Paulo, que formam a maioria populacional, terão que aguentar tanto preconceito? Já não bastassem as humilhações que sofrem na periferia, onde são alvos preferenciais da polícia, agora vem o Serra também culpá-los pelo baixo nível das escolas do Estado? ("Serra liga ensino ruim a migrações e Mercadante o chama de preconceituoso", **Brasil**, 17/8). O preconceito contra eles existe, sim, e é muito forte na elite paulista representada pelo PSDB. Infelizmente, os nordestinos não encontram voz na política de São Paulo, caso contrário, poderiam lutar contra tanta injustiça que sofrem.

É interessante observar que, não obstante o sentimento de discriminação e exclusão, o leitor se classifica como "nordestino de São Paulo", apoiado no argumento estatístico "a maioria populacional", mas confirma a exclusão de pessoas como ele ao admitir a separação *povo* x *elite*.

A sociossemiótica, conforme se pode ler em Landowski (1997), ao tratar das relações políticas, tem argumentos que explicam esse fenômeno (assimilação x exclusão) a partir da discussão da interação do mesmo (EU) com o outro (TU) e mostra como dessa relação podem ocorrer *assimilação* ou *exclusão*, que desencadeiam processos de *admissão* ou *segregação* do *mesmo* em face do *outro*, relacionados, respectivamente, às duas situações. De acordo com o autor, a assimilação acontece quando o "estrangeiro", leia-se o "diferente", incorpora as características culturais (a língua, os costumes, as crenças) do grupo que o acolheu e passa a viver em conjunção com a cultura adotada. Se o estrangeiro não assimilar a cultura do grupo acolhedor, pode formar-se contra ele um sentimento de exclusão, de rejeição e discriminação. Nesse caso, o estrangeiro, além de estar sempre em disjunção com a ideologia do grupo em que vive, pode sofrer preconceito.

O preconceito no ensaio

Na imprensa, a referência à origem nordestina de ambos os personagens, Severino e Lula, aparece, não poucas vezes, acompanhada de tom preconceituoso. No ensaio "Que é isto? Qué es esto?", o articulista, ao tratar dos arroubos do então presidente da Câmara Legislativa, Severino Cavalcanti, no momento em que assumiu o cargo, faz um comentário para mostrar o ridículo das ações do deputado, aliando os fatores *origem* e *descuido linguístico*.[2] Vejamos o texto:

Que é isto? Qué es esto?
Perplexidade e indagações diante de três esquisitices
do mundo político em curso nestes dias

Que é isso, companheiro Severino?
Com que entusiasmo, com que ganas o "rei do baixo clero" assumiu o cargo de presidente da Câmara dos Deputados! É Severino Cavalcanti para cá e para lá. Severino em Dom Pedrito,

lá perto da fronteira com o Uruguai, triunfalmente encarapitado numa colheitadeira, como estrela da festa de abertura da colheita de arroz, e no outro dia Severino no outro extremo do país, em Roraima, a discutir a demarcação de terras indígenas. Até mostrar o umbigo ele mostrou – numa espetacular foto na primeira página de *O Globo*, em que a camisa aberta na altura da cintura deixava-lhe aquele gentil recanto da barriguinha à mostra.

(...)

A derrota, pelo menos temporária, do carro-chefe de sua campanha eleitoral – o aumento do salário dos parlamentares – talvez venha a baixar-lhe o facho. Mas, até prova em contrário, estamos diante de um caso em que Severino, seus entusiastas de primeira hora e os muitos aderentes de última hora, dentro e fora dos círculos políticos, estão todos docemente embalados na mesma fabulação. A de que com Severino raiou no céu da pátria a possibilidade de um Lula de direita – unidos, um e outro, *pela origem sertaneja, o jeito de povão e as permanentes e acachapantes derrotas diante dos desafios da concordância verbal.*

O argumento é descabido não pela crítica ao ridículo das ações de Severino e da identidade oportunista que o presidente da República criou com ele, mas pelo veio argumentativo escolhido para elaborar a crítica, o que revelou o preconceito. A generalização pressuposta – o sertanejo não é refinado e não sabe usar a norma culta –, que estende essas características a outros nordestinos sertanejos, é que configura o preconceito.

O preconceito comentado em notícias

As referências ao fato de Lula, antes e depois de ter-se tornado presidente, não ser usuário da norma culta são constantes na imprensa. Ainda como candidato, em maio de 2002, Lula demonstrou tanto ter consciência disso quanto saber que esse era também um meio pelo qual o preconceito contra ele existia. Em uma palestra na Universidade do Vale do Paraíba, em São José dos Campos, usou corretamente uma forma verbal que, em geral, é usada incorretamente e fez metalinguagem sobre o fato. Tudo se passou como ficou descrito pelo repórter, enviado especial da *Folha de S.Paulo* para acompanhar o evento:

> A língua é o único *sistema semiótico*, isto é, *sistema criador de sentido*, que é autoexplicativo. Metalinguagem, pois, é essa capacidade de a língua explicar-se a si mesma, isto é, de a língua ser explicada pela própria língua, como no exemplo em que Lula informa: nesse caso usa-se *interveio* (que significa *ingerir-se*), e não *interviu* (que significa *entrever*).

Vocês gostaram do interveio?
Em palestra, Lula ironiza erros de português atribuídos a ele

Em palestra na Univap (Universidade do Vale do Paraíba), em São José dos Campos (sp), Luiz Inácio Lula da Silva tentou mostrar, com ironia, que nesta campanha não precisa de ajuda dos universitários para falar de acordo com a chamada norma culta da língua portuguesa. *"Vocês gostaram do interveio, não é?"*, provocou o auditório, que foi às gargalhadas. *"Pensavam que eu iria falar interviu, não?"*, declarou, depois de usar o verbo corretamente. Lula havia afirmado que o governo federal não interveio com boas medidas na economia. *Segundo ele, o recurso irônico foi uma forma de falar sobre o preconceito de que sempre foi alvo desde a primeira campanha presidencial, em 1989.* "Sempre me perguntava, meu Deus, será que não ganhei a eleição por não ter um diploma universitário? Será possível?" Disse que a pergunta sempre vinha à sua cabeça quando estava com amigos intelectuais, como o crítico literário Antonio Candido e a filósofa Marilena Chaui. Lula criticou a forma como os eleitores admiram os "doutores" da política. "O sujeito vai lá fora, fala várias línguas, e isso mexe com o ego dos brasileiros. O povo acha bonito", disse, sem mencionar o presidente Fernando Henrique Cardoso. Ao final, respondeu a perguntas de universitários. Uma delas: "Eleito, o senhor vai fechar a Coca-Cola e o McDonald's?" A resposta: "Não. Eu adoro Coca-Cola e meus filhos e netos adoram McDonald's". Em Jacareí (sp), estreou óculos escuros ao visitar projetos da prefeitura. (*Folha de S.Paulo*, 30 maio 2002 – grifo nosso)

Como se observa também no exemplo, o preconceito com a linguagem carrega outros. Nesse caso, o social, cultural, já que o "paciente" sofria a discriminação pela falta da escolaridade superior para estar em igualdade de condições com seus adversários, ou seu principal adversário naquele momento, o, na ocasião, presidente Fernando Henrique Cardoso. A falta da educação formal refletia-se no uso da linguagem, em descompasso com aquela praticada pelos que passaram mais tempo na escola e que, por isso, pareciam praticar a norma "mais correta", a chamada "culta". Os leitores do jornal, sempre atentos, não deixaram de se manifestar sobre o caso e reconhecer que o preconceito e a intolerância linguísticos existem. Vejamos o que disse o leitor Carlos Eduardo Castanheira sobre o fato antes comentado:

> A ironia de Lula sobre a conjugação do verbo intervir (Brasil, pág. A5, 30/5) talvez ajude a pôr a nu a *hipocrisia dos que se servem da dita norma culta* (ah, essa dona Norma...) *para humilhar milhões de brasileiros e para excluí-los da vida política e dos bens culturais.*
> O que é uma pena é esse conchavão com Quércia, Requião, PL...
>
> Carlos Eduardo Castanheira (Palotina, PR)
> (*Folha de S.Paulo*, 31 maio 2002 – grifo nosso)

O leitor denominou *hipocrisia* o preconceito ou a intolerância linguísticos, cujo efeito, sem dúvida, é a exclusão. O que importa, contudo, é o reconhecimento por parte dos usuários em geral que *a linguagem é fonte tanto de assimilação quanto de exclusão.*

A diferença linguística de Lula, não obstante o seu "lustre" linguístico, como vimos no exemplo anterior, nunca é esquecida. A *Folha de S.Paulo* (ago. 2006) traz uma notícia, da reportagem local, importante nesse sentido. Os jornalistas observaram e registraram a diferença linguística existente entre Lula e seus mais próximos companheiros de partido: Eduardo Suplicy, Aloísio Mercadante e Marta Suplicy. Vale a pena ler o artigo na íntegra:

Fala de petistas contrasta com discurso de Lula
da reportagem local

O presidente Luiz Inácio Lula da Silva mostra desenvoltura com as palavras quando se dirige à periferia e às classes mais baixas. Fala do "bifinho" que deve ser repartido, da mulher que ficou "arriada" ao ver pela primeira vez a luz elétrica, do "puxadinho" que pode ser construído porque o cimento está mais barato, e até da "bichinha" da reeleição. Já os correligionários deveriam prestar mais atenção às lições do líder.

Ontem, em Osasco, o senador Eduardo Suplicy, que disputa a reeleição, falou do "economista que ganhou o Prêmio Nobel". Explicou em seguida: "É da Universidade de Harvard". Depois, soltou um grito de guerra fora de contexto: "Uou", disparou, enquanto se esperava o óbvio "olê, olê, olê, olá". A chuva chegou e, com ela, o peculiar Suplicy: "A chuva, meus amigos, vai nos molhar".

Candidato ao governo, Aloizio Mercadante sempre cita indicadores econômicos. Os índices de crescimento de São Paulo abaixo da média nacional e a resistência do Estado em coibir a guerra fiscal são obsessões: "São Paulo não soube enfrentar a guerra fiscal". Ontem, ao criticar José Serra, tentou popularizar mais o discurso: "Dizer que o problema da educação é porque tem mais gente na escola é a mesma coisa que dizer que a seleção perdeu a Copa por causa da torcida".

A ex-prefeita Marta Suplicy, ovacionada na periferia, mergulhou no clima popular: "Homem que bater em mulher não é mais só [pagar] cesta básica. É cadeia", disse, sobre a Lei Maria da Penha. Mas, no dia anterior, falou do financiamento do BNDES para o metrô. (MD) (*Folha de S.Paulo*, 21 ago. 2006)

O apelo ao preconceito do qual a pessoa diz ser vítima pode ser também uma forma de persuasão para levar os outros a aceitarem suas razões. Vimos isso, por exemplo, quando Lula estava às vésperas da reeleição e disse:

O presidente Luiz Inácio Lula da Silva voltou a afirmar ontem, durante comício na região de Campo Limpo, na periferia da zona sul de São Paulo, que é vítima do ódio e do preconceito das elites do país por ter decidido dar prioridade aos pobres. Como justificativa para disputar a reeleição, afirmou que "era contra a tese", mas hoje tem certeza de que pode "fazer mais" que os outros.

"Vocês sabem que eu tinha uma tese contra a reeleição. Mas depois que eu aprendi que eu posso fazer para o Brasil mais do que todos eles que governaram esse país, depois que eu aprendi que é possível fazer as coisas para melhorar a vida do povo, eu falei não. Aprovaram a reeleição, deixa eu agora tentar essa bichinha outra vez." (*Folha de S.Paulo*, 20 ago. 2006)

Esse texto serve para mostrar o contexto em que a palavra "bichinha", citada no exemplo anterior, apareceu e, também, para mostrar como, conhecedor do sentimento de preconceito alegado pelos "nordestinos de São Paulo", o presidente procura identificar-se com a população da periferia paulista.

Em outra matéria sobre o mesmo fato, o título traz o discurso direto *"Deixa eu tentar essa bichinha"*, *afirma Lula ao pedir reeleição*, o que revela como a frase com o regionalismo chamou a atenção, ou incomodou, os jornalistas. Isso sinaliza o reconhecimento da diferença. Além disso, o jornalista não perdeu a chance de transcrever um trecho em que Lula comete um desvio gramatical, o que é marcado com um (sic), conforme vemos em:[3]

> Sem mencionar a crise do mensalão, Lula mostrou preocupação com a governabilidade num eventual segundo mandato. Pediu à população que vote em deputados federais e estaduais do PT, PC do B e PSB. "Sabem por quê? Porque nós precisamos ter uma bancada para a gente não ser vítima do que nós fomos neste um ano e meio. Nós temos que ter deputados e senadores afinados com nós (sic), com a nossa política."

Seria essa matéria preconceituosa? Como afirmamos antes, o preconceito é silencioso, subliminar, não precisa de alarde para existir. Nesse caso, vemos claramente o recorte que o repórter fez: escolheu situações discursivas diferentes para confrontar os discursos, e então a diferença, que realmente existe, entre o presidente e esses seus companheiros que tiveram educação formal completa, agigantou-se. O texto ficou até engraçado, mas o pressuposto da mensagem é o de que o presidente jamais saberá usar uma linguagem elevada, permanecerá no nível regional, do nordeste e da periferia, o que se infere pelos usos de "bichinha", comum na linguagem popular e até mesmo comum, na nordestina, e "puxadinho", neologismo surgido recentemente em cidades grandes, como São Paulo, para designar os cômodos acrescidos, paulatinamente, em casebres. A palavra ainda não foi registrada nos dicionários mais atualizados da língua, como no *Aurélio* (1999) ou no *Houaiss* (2001), nem mesmo nas versões eletrônicas.

Recorramos à crônica, gênero do discurso que se nutre de fatos cotidianos para constituir-se, a fim de, em um movimento único, comprovar a filiação urbana da palavra "puxadinho" e, ao mesmo tempo, apresentar um registro desse novo sentido. Primeiro, por intermédio de uma notícia, já que Moacyr Scliar reproduz a notícia que o inspirou a escrever a crônica; depois, pela reprodução da crônica que escreveu com base no fato noticiado. Leiamos o texto:

Puxadinhos

Como é fácil imaginar, era um compartimento minúsculo, mas nele cabia a cama do neto. Melhor do que nada.

Baixa renda aplica 68% do gasto com moradia no "puxadinho". Casas eternamente em construção das famílias de baixa renda levam a maior parte da renda disponível para os gastos com moradia. Entre os clientes dessa categoria que frequentam as lojas de construção, apenas 13% estão construindo e 53% estão reformando suas casas – ou seja, fazendo o tal "puxadinho". Para 80% dos entrevistados, fazer compra de material de construção nos finais de semana não é encarado como lazer, mas uma obrigação. O uso do material também é feito pelo próprio comprador, que muitas vezes dispensa a contratação de um pedreiro. (*Folha Online*)

* * *

NO INÍCIO era uma casa igual a tantas outras daquele humilde bairro de uma grande cidade brasileira – uma favela, na verdade. Uma casa pequena, precária. As paredes nem sequer eram rebocadas: faltara dinheiro para isso. Mas a família, pai, mãe, filha adolescente, considerava-se feliz. Pelo menos tinham um teto sobre suas cabeças, tinham água, luz, refrigerador, um pequeno televisor. O lugar era alto, afastando a possibilidade de inundação. Também não ficava perto de uma encosta, de modo que não temiam desabamentos. O espaço era pequeno, mas, como dizia o homem, era melhor do que nada.

Um dia a filha apareceu com uma novidade: estava grávida. Mas, ao contrário do que acontece nestas situações, o namorado, rapaz sério, não a abandonaria: ao contrário, queria casar com ela. Problema: não tinham onde morar. Não seja por isso, replicou o pai. Pegou suas economias, comprou material de construção e, pedreiro ele próprio, construiu um puxadinho para a filha e o genro. Casaram, e até poderiam ser felizes para sempre, mas aí de novo surgiu o problema do espaço. Nascido o filho, um robusto garoto, precisavam de um lugar para ele.

O pedreiro de novo pôs mãos à obra e construiu um puxadinho do puxadinho. Como é fácil imaginar, era um compartimento minúsculo, mas nele cabia a cama do neto. Melhor do que nada. Passou o tempo, o garoto cresceu. Quando fez seu oitavo aniversário, pediu ao avô, que o adorava, um presente: queria um lugar para brincar, mesmo que fosse muito pequeno. Um pedido a que o homem não poderia deixar de atender. De modo que mais uma vez adquiriu material, pegou as ferramentas e tratou de fazer o que era o puxadinho do puxadinho do puxadinho.

Os vizinhos achavam graça e debochavam da esquisita construção, mas a família estava contente e era isso que importava. Anos se passaram e o menino cresceu. Continuava no puxadinho do puxadinho, guardava suas coisas no puxadinho do puxadinho do puxadinho. E aí uma vocação manifestou-se nele: quer tornar-se escritor. E escritor, todo o mundo sabe, precisa de alguma privacidade, precisa de um espaço.

Falou com o avô de novo, e de novo o homem o ajudou. Mas o puxadinho do puxadinho do puxadinho do puxadinho que ele construiu é, naturalmente, minúsculo. Não dá nem para entrar ali. Mas dá para guardar o caderno no qual o rapaz está escrevendo um romance. Cujo título, provisório, é "Puxadinho". *(Folha de S.Paulo*, 19 mar. 2007)

O preconceito respingado nas crônicas e congêneres

Outros tipos de preconceito silenciosos que podem até nem se fazer notar são frequentes. Na *Folha de S.Paulo*, vê-se um exemplo disso quando o colunista, em um texto intitulado "Tratando de comborças e namoradas", parte de uma observação de uma jornalista sobre um preconceito jornalístico que, provavelmente, poucos percebem, pois se revela simplesmente pela escolha lexical por meio da qual um fato é referenciado.[4] Diz ele:

Tratando de comborças e namoradas

CREIO QUE Barbara Gancia foi a primeira a notar o preconceito jornalístico: amásia de gente conhecida é namorada; de pobre é amante, concubina, "cacho". A mídia, de um modo geral, age como se desse mais atenção às ordenações do reino, que distinguiam relações extramatrimoniais conforme a condição nobre ou plebleia dos envolvidos. Retomo o assunto para o referir como essas designações constam, na lei atual.

Talvez para não repetir os termos mencionados, e que seriam objeto de seu estudo jurídico, o colunista buscou uma outra palavra, antiga, típica de nível de linguagem informal, mas pouco usada, comborça, em substituição dos termos de valor social negativo, empregados em relação "aos pobres". O termo de valor

> Pelo verbete do Houaiss (2001), esse é um termo que tem registro em textos do século XIII e é, atualmente, pouco usado.

social positivo, *namorada*, todavia, permaneceu o mesmo. Desse modo, parece que o autor ratificou (e não retificou) o preconceito, porque a estratégia linguística criou certo humor pelo uso da quantidade de termos empregados em relação aos socialmente desprestigiados: *amásia, amante, concubina* e *comborça*, contra apenas um, *namorada*, para os prestigiados.

Assim também, por descuido, Ivan Angelo, cronista da *Veja São Paulo*, procede involuntariamente ratificando preconceitos na crônica "Tropeços – a graça e a lógica de certos enganos da fala".[5] Também nesse caso a linguagem é o "mote" do texto, e as pessoas de menor prestígio social e menor poder aquisitivo são, predominantemente, o alvo da graça. Assim, conta o autor:

> O compenetrado pintor de paredes olhou as grandes manchas que se expandiam por todo o teto do banheiro do nosso apartamento, as mais antigas já negras, umas amarronzadas, outras esverdeadas, pediu uma escada, subiu, desceu, apalpou em vários pontos e deu seu diagnóstico:
> – Não adianta pintar. Aqui tem muita "humildade".
> Levei segundos para compreender que ele queria dizer "umidade". E consegui não rir. Durante a conversa, a expressão surgiu outras vezes, não escapara em falha momentânea.

Como é evidente, não são somente as pessoas menos favorecidas economicamente e que exercem profissões menos prestigiadas socialmente que dizem bobagens e coisas engraçadas. Mas como, em geral, outros fatores encobrem as gafes e os erros que os "mais favorecidos" econômico-socialmente cometem, aqueles que contam coisas desse tipo chegam até a apagá-los da memória. O próprio Ivan Angelo reconhece isso, porque diz, na continuação do texto:

> Há palavras que são armadilhas para os ouvidos, *mesmo de pessoas menos humildes*. São captadas de uma forma, instalam-

se no cérebro com seu aparato de sons e sentidos – sons parecidos e sentidos inadequados – e saltam frescas e absurdas no meio de uma conversa. São enganos do ouvido mais do que da fala. Como um tropeção de uma pessoa de boas pernas não é um erro do caminhar, mas do ver. (grifo nosso)

Resultam muitas vezes formas hilárias. O zelador do nosso prédio deu esta explicação por não estar o elevador automático parando em determinados andares:

– O computador entrou em "pânico".

Não sei se ele conhece a palavra "pane". Deve ter sido daquela forma que a ouviu e gravou. Sabemos que é "pane", ele assimilou "pânico" – a coisa que nomeamos é a mesma, a comunicação foi feita. Tropeço também é linguagem.

O cheque bancário é frequentemente vítima de um tropicão desses. Muita gente diz, no final de uma história de esperteza ou de desacordo comercial, que mandou "assustar" um cheque. Pois outro dia encontrei alguém que mandou "desbronquear" o cheque. Linguagens... Imagino a viagem que a palavra "desbloquear" fez na cabeça da pessoa: a troca comum do "l" pelo "r", a estranheza que se seguiu, o acréscimo de um "n" e aí, sim, a coisa ficou parecida com alguma coisa, bronca, desbronquear, sem bronca. Muita palavra com status de dicionário nasceu assim.

Já ouvi de um mecânico que o motor do carro estava "rastreando", em vez de "rateando". Talvez a palavra correta lhe lembrasse rato e a descartara como improvável. "Rastrear" pareceria melhor raiz, traz aquela ideia de vai e volta e vacila, como quem segue um rastro... Sabe-se lá. Há algum tempo, quando eu procurava um lugar pequeno para morar, o zelador mostrou-me um quarto e sala "conjugal". Tem lógica, não? Muitos erros são elaborações. Não teriam graça se não tivessem lógica.

A personagem Magda, da televisão, nasceu deles. Muito antes, nos anos 70, um grupo de jornalistas, escritores e atores criou o Pônzio, personagem de mesa de bar que misturava os sentidos das palavras pela semelhança dos sons. Há celebridades da televisão que fazem isso a sério. Na *Casa dos artistas,* uma famosa queria pôr um "cálcio" no pé da mesa. Uma estrela da Rede TV! falou em "instintores" de incêndio. A mesma disse que certo xampu tinha "Ph.D" neutro.

Estudantes candidatos à universidade também tropeçam nos ouvidos. E não apenas falam, mas registram seus equívocos.

Nas provas de avaliação do ensino médio apareceram coisas como "a gravidez do problema", "micro-leão-dourado" e, esta é ótima, "raios ultravioletos".

Crianças cometem coisas tais, para a delícia dos pais. O processo é o mesmo: ouvir, reelaborar, inserir em uma lógica própria e falar. Minha filha pequena dizia "água solitária", em vez de "sanitária". A sobrinha de uma amiga, que estranhava a irritação mensal da tia habitualmente encantadora, ouviu desta uma explicação que era quase uma desculpa e depois a repassou para a irmã menorzinha:

– A tia Pat está "misturada".

(*Veja São Paulo*, 23 abr. 2003)

A análise do discurso do autor mostra sua ideologia. Primeiro, a escolha do adjetivo "humilde" somente para as pessoas de classe social inferior, leia-se "pobres". Depois, a argumentação por exceção ("*mesmo de pessoas menos humildes*") esconde o pressuposto de que as pessoas "não humildes", ou seja, as ricas, as de classe superior, não se enganam. Ainda mais, pela sequência dos exemplos, mostra a preferência pelos enganos cometidos

> Fala-se de ideologia aqui na acepção sociológica da palavra, ou seja, em referência aos valores e ao "sistema de ideias (crenças, tradições, princípios e mitos) interdependentes, sustentadas por um grupo social de qualquer natureza ou dimensão, as quais refletem, racionalizam e defendem os próprios interesses e compromissos institucionais, sejam estes morais, religiosos, políticos ou econômicos".
>
> (Cf. Houaiss, 2001).

por gente desse segmento social. Para contrabalançar a situação, isto é, para o texto não ficar com um tom de "politicamente incorreto", o autor cita exemplos de personagens da televisão (Magda, Pônzio), participantes de *reality shows* e estrelas de TV e, finalmente, citações de enganos de crianças. O quadro resume a situação, excetuando o exemplo do pintor de paredes, já apresentado:

Os "humildes"	Os indefinidos	Os "não humildes"
1. O **zelador** do prédio do autor: "O computador entrou em *pânico*". Esse é o exemplo de "pessoas menos humildes". 2. O **mecânico** disse que o motor estava *rastreando*, em vez de *rateando*. 3. O **zelador** de outro prédio mostrou ao autor um apartamento de quarto e sala *conjugal*.	1. **Muita gente** diz que mandou *assustar* um cheque. 2. **Alguém** mandou *desbronquear* um cheque.	1. **Uma famosa** da *Casa dos artistas* queria pôr um *cálcio* no pé da mesa. 2. **Uma estrela** da Rede TV! falou em *instintores* de incêndio e em certo xampu que tinha Ph.D neutro. 3. **Estudantes** candidatos à universidade registraram: *gravidez* do problema, *micro*-leão-dourado e *raios ultraviolentos*. 4. **Crianças**: a filha pequena do autor dizia "*água solitária*" por água sanitária; a sobrinha de uma amiga dizia que a tia estava "misturada" por menstruada.

Outro exemplo significativo de preconceito é o de criação de neologismos, formalmente idênticos, por duas pessoas de *status* diferentes: uma, um sindicalista, outro, um professor universitário. Trata-se de Rogério Magri, ex-sindicalista e ex-ministro do Trabalho do governo Fernando Collor de Mello, e do, na época, agosto de 1993, ministro da Fazenda do governo Itamar Franco, Fernando Henrique Cardoso.

Todos se lembram que Magri, em 1990, quando ministro, disse que o Plano Collor I era "imexível" em referência à impossibilidade de o Congresso fazer-lhe mudanças. O novo adjetivo criado pelo então ministro suscitou quase uma polêmica linguística porque muita gente se incomodou com a novidade, e os jornalistas se encarregaram de colher opiniões de professores de português, de gramáticos e de linguistas sobre a criação linguística. Aqueles, dentre os quais o prof. Napoleão Mendes de Almeida, condenaram sumariamente o neologismo e bradaram que havia na língua palavras como "intangível" e "intocável" que dariam conta do que o ministro queria dizer, e que, em casos como esse, era o desconhecimento da tradição que impelia o falante à criação de novas palavras; já os linguistas, dentre os quais o prof. Dino Preti, em São Paulo, e Evanildo Bechara, no Rio de Janeiro, deram explicações linguísticas ao problema: que era natural à língua o acréscimo de novas palavras e que aquela, *imexível*, era uma palavra bem formada, isto é, que seguia a regra de formação de adjetivos pelo acréscimo de um prefixo (*i-*) a um adjetivo já formado (*-mexível*). Esse foi um fato muito comentado, motivo de muitas anedotas e muitas críticas à ignorância do ministro. Além disso, o prof. Evanildo Bechara, inclusive, escreveu um artigo para explicar o problema no jornal *D. O. Leitura* (1990).

Três anos depois da criação do ministro sindicalista, o ministro acadêmico inventou nova palavra. Fernando Henrique Cardoso, em 16 de agosto de 1993, disse "em discurso para cerca de 300 empresários no Rio, que a inflação '*não é mais convivível*'. Virou uma urticária: é preciso parar de coçar e fazer alguma coisa para acabar com ela'", o que foi registrado pela *Folha de S.Paulo* de 17 de agosto. Dessa vez, a situação foi um pouco diferente, embora a discussão linguística tenha existido. A repercussão não foi a mesma do *imexível*, talvez em razão do prestígio (intelectual, social, político, econômico etc.) do segundo criador. A sociedade não se mobilizou tanto para comentar o "convivível", mas também não o adotou, ao contrário do que aconteceu com o "imexível". Paradoxalmente, embora marcada, essa palavra entrou para o uso em algumas situações de comunicação, tanto que foi incorporada primeiramente ao *Vocabulário Ortográfico da Língua Portuguesa* (Volp), em 1999, e, depois, nos dicionários, como prova o verbete do *Houaiss*, que, inclusive, dá como exemplo um enunciado como o que a originou, conforme se pode verificar a seguir:

Imexível
Datação
c.1990
Acepções
▪ adjetivo de dois gêneros
em que não se pode mexer; inalterável
Ex.: um plano de governo i.

Etimologia
in- + *mexível*; ver *misc(i)-*

Antônimos
mexível

O "convivível" mobilizou minimamente os jornalistas. O repórter da *Folha* procurou, no mesmo dia da invenção linguística de FHC – o *convivível* –, dois professores da Universidade de São Paulo (USP). Um, o prof. Zenir Campos Reis, especialista em Literatura Brasileira, e não em Linguística, que definiu a criação como "um tropeço" que poderia ser substituído por "convivência, indesejável ou impossível". O outro foi o prof. Dino Preti, especialista em sociolinguística, que já havia dado seu parecer sobre o *imexível* e, do mesmo modo como procedeu quanto a essa palavra, esclareceu que, conforme escreveu o repórter, o *convivível* não existe, mas não fere a norma linguística. Cabe aqui esclarecer quanto à forma linguística em questão que somente podemos admitir esse "não existe" no que tange à tradição da língua, porque a partir do momento em que foi enunciada a forma passou a existir no mundo. O repórter não deve ter sido fiel ao que ouviu do prof. Dino Preti, que deve ter dito "a palavra não existe na norma, mas não fere o sistema da língua", tanto que disse o prof. Dino o que foi reproduzido em discurso direto no jornal: "Se o termo for aceito, passar a ser usado, pode acabar entrando no dicionário". Não entrou.

O preconceito quanto ao julgamento desses dois casos fica muito claro se examinarmos um texto opinativo publicado no mesmo jornal.[6] Vejamos a íntegra do artigo:

As palavras e as coisas
Ministro corre risco de optar pela poesia

Quando o ex-ministro do Trabalho Antonio Rogério Magri criou o seu "imexível", houve um certo escândalo entre os puristas. A ousadia verbal do então ministro – na verdade, reconhecida ignorância – era um sintoma. O que veio depois ficou por conta da crônica policial.

Temos agora o "convivível" de Fernando Henrique. Especialistas, depois dos permissivos anos 60, tendem a achar que tudo é possível. A língua, de fato, prevê um processo de formação de palavras – a derivação imprópria – pelo qual vocábulos de uma determinada classe gramatical demonstram eficiência em outra. Fernando Henrique, corajoso, avança como um Vasco da Gama do Português por mares nunca dantes navegados e acrescenta um tipo de derivação imprópria a sufixação. Vai, diria Fernando Pessoa, "além do Bojador". É feio, mas dá nisso: convivível.

A língua costuma espelhar o que acontece na sociedade. Às vezes, radicais gregos e latinos são recuperados para expressar novas realidades. É raro. Quase sempre, o conjunto disponível é eficiente para traduzir realidades e pensamentos.

Pode acontecer, no entanto, de pensamento e realidade serem, de fato, intraduzíveis. Não porque haja lacunas na língua, mas porque o usuário mal compreende a realidade a ser designada ou seu próprio pensamento. Seria esse o caso do ministro: tanto Fernando Henrique já falou sobre a inflação, que há o risco, real, de acabar concluindo que "a inflação é a inflação é a inflação". Terá, nesse caso, rompido os vínculos com a função referencial da linguagem e penetrado no caudaloso e movediço terreno da poesia.

O texto, como se pode observar, traz argumentos imprecisos e preconceituosos. O primeiro título, "as palavras e as coisas", alude ao livro de Michel Foucault (2002), mas em situação redutora, porque o objetivo do filósofo é muito maior que falar da criação de palavras para representar a realidade e as ideias, é falar de representação de modo geral, é tratar do aparecimento do "homem" na história do conhecimento; o subtítulo, assim como o conteúdo a ele relacionado, é completamente descabido porque não tem nada que ver com aquela situação de criação do neologismo. A comparação de Fernando Henrique a Vasco da Gama, numa alusão à homenagem de Camões aos grandes feitos portugueses na conquista do mundo, é, sem dúvida, destituída de bom senso. A citação de *Mar português* de Fernando Pessoa é, assim como as outras, um despropósito para o caso. Para completar, a lição de gramática usada para a decantada criação do ministro é equivocada. Não há derivação imprópria em casos como esses; houve, sim, uma derivação por sufixação, pelo acréscimo do sufixo -*ível* à base do verbo *conviver* (conviv + ível). Conforme esclarece Câmara Jr. (1988), por exemplo, a derivação imprópria ocorre quando uma nova aplicação da palavra decorre da construção frasal, e não da mudança da forma por estruturação com sufixo.

O pior, todavia, não é nada disso. É o preconceito estampado porque, no mesmo texto, há tratamento diferente e discriminatório a dois atos iguais, emanados de pessoas diferentes. A criação do ex-ministro Magri foi uma "ousadia verbal". *Ousadia* no sentido negativo, de falta de reflexão e imprudência, e não um ato de coragem, como foi caracterizado o ato linguístico idêntico de FHC. Ousadia, como explicado na oração parentética ("*na verdade, reconhecida ignorância*"), depreciativamente, no sentido de ignorância. Por que a diferença? Porque no texto se vê que o mesmo ato praticado por pessoas diferentes recebeu julgamento diferente, isto é, estendeu-se para o ato – a criação dos neologismos – o julgamento das pessoas. Nesse caso fica caracterizado o *argumento por preconceito*, ou *pela incompatibilidade entre a pessoa e seu discurso ou seus atos*, já que o articulista considera como *criação ruim* a palavra criada por quem ele considera ruim e, em caso idêntico, considera *boa criação* a palavra formada por quem ele considera bom. Não obstante o maior ou menor preparo intelectual dos criadores, foi a palavra criada pelo homem menos prestigiado que entrou para o uso e ficou como contribuição linguística: o *imexível* está em circulação e o *convivível* desapareceu, por enquanto.

As piadas, mesmo exercendo seu papel de satirizar e ironizar situações e personagens da realidade, mostram os sentimentos reais que uma sociedade tem sobre si e sobre as pessoas que a formam. Sobre a linguagem de Lula, por exemplo, sabemos de muitos chistes e zombarias e, para ilustrar tal situação, reproduziremos uma só, de autoria de Millôr Fernandes, publicada na revista *Veja*, no "Espaço Millôr", em março de 2005:

> Agora vocês todos viram, o Lula também teve um treco e os médicos operaram ele no nariz – rinoplastia – quando todo o país precisava que lhe fizessem uma traqueotomia. Deu no que deu. No que está dando. No que vai dar.

Impedir a capacidade de fala do presidente pela interrupção do funcionamento da traqueia tem duplo sentido: de um lado, faria o presidente parar de ser inadequado linguisticamente no que diz respeito à forma e ao conteúdo de suas emissões linguísticas; de outro, pragmaticamente, estancaria suas gafes discursivas. Por trás do chiste, a *atitude de intolerância* com a linguagem do presidente.

Só para confirmar a existência do preconceito relativo à linguagem de Lula, transcrevemos um trecho de mais um artigo de opinião, em que o autor denuncia a existência do preconceito linguístico contra o presidente como poderemos ler a seguir:[7]

> Se o risco-Lula já não repele tanto do ângulo ideológico, é provável que se reforcem as objeções quanto ao candidato mesmo. A mais comum delas é a de que ele seria despreparado

para tão alta função porque não teve educação formal. *Sintoma aflitivo dessa condição seria o português "errado" do candidato. Nesse clichê, o preconceito de classe que a ascensão de Lula desperta* se expressa em pleno beletrismo da nossa longínqua república de bacharéis. Washington Luís, preso aos paradigmas da época, poderia pensar algo assim. Mas acreditar nisso hoje em dia conota uma estreiteza de entendimento que é ridícula.

Inverte-se, nesse preconceito, transformando-a em defeito, aquela que é talvez sua principal virtude: num país em que a desigualdade é o problema central, ele é o primeiro homem do povo que pode chegar ao poder máximo. O simbolismo presente numa tal vitória seria multiplicado pelo alcance czarista da Presidência no Brasil.

O preconceito com o diferente dá motivo a uma crônica de Marcos Rey, *Nome feio, jamais – o homem que nunca falava um palavrão*. Nesse caso, o autor usou o "preconceito às avessas" para construir sua história, pois ele conta como um homem foi excluído do grupo de amigos, do grupo de trabalho e até foi punido porque não falava palavrão "como todo mundo": era diferente dos demais. O autor começa assim seu texto:

> Dizer palavrão hoje é comum até na novela das seis. No teatro, o palavrão entrou muito antes, e já garantiu notoriedade a diversos autores, respeitados como autênticos. As mulheres resistiram, mas aos poucos foram introduzindo um ou outro, timidamente no vocabulário diário. Hoje competem de igual para igual com os homens, sem colocar em risco sua feminilidade. (*Veja*, out. 1997)

Mas o Ramalho, a personagem sobre a qual se funda a história, nunca disse um só palavrão, nem nas mais difíceis situações. Por isso, depois de alguns episódios narrados, assim a história é encerrada:

> Em seguida, passou-se a gozar das maneiras delicadas, a fala escoimada de qualquer impureza ou grosseria, o cavalheirismo fora de moda do Ramalho. O que encobria tudo isso?

Pais para nos educar, todos tivemos. Pensava que fôssemos filhos do quê? Logo se orquestrou uma onda crescente contra ele. Onda que subiu vários andares e acabou batendo à porta da diretoria, forçando-a.

– Afinal, o que há contra esse tal Ramalho? – quis saber o presidente. – É mau funcionário?

– Até que não. Tem suas virtudes. O caso é que destoa da turma... *Não se ajusta. Diríamos, questão de linguagem.*

– Pequenas sutilezas, entendo – disse o presidente, compreensivo, e, por pressão da maioria, pegou a caneta e incluiu um nome a mais em sua temida lista de cortes. (*Veja*, out. 1997 – grifo nosso)

Passemos, a seguir, a examinar alguns casos de *intolerância linguística* para, desse modo, o leitor formar seu juízo acerca das diferenças e dos limites de cada um dos fenômenos.

Notas

[1] Lavoisier Castro, *Folha de S.Paulo*, 18 ago. 2006.

[2] Roberto Pompeu de Toledo, *Veja*, 9 mar. 2005 (grifo nosso).

[3] Malu Delgado, *Folha de S.Paulo*, 20 ago. 2006.

[4] Walter Ceneviva, *Folha de S.Paulo*, 15 mar. 2007.

[5] Outro texto em que Ivan Ângelo (2004) trata do mesmo tema é "Nossos tropeços", publicado também na *Veja São Paulo*. Nesse, o tratamento dos "tropeços" é um pouco de outra natureza, e o autor fala de *uma personagem de novela*, de *seu pai*, do *técnico em computadores*, de *uma amiga*, do *caixa de supermercado*, de *uma apresentadora de televisão*, e de *si próprio*. O texto está disponível em: <http://veja.abril.com.br:80/idade/exclusivo/vejasp/081204/cronica.html>. Vale a pena conferir.

[6] Reinaldo Azevedo, *Folha de S.Paulo*, ago. 1993.

[7] Otávio Frias, *Folha de S.Paulo*, 11 nov. 2001 (grifo nosso).

A imprensa linguisticamente intolerante

Primeiras reflexões: norma linguística e intolerância

Agora, o objeto de nossa investigação são artigos de opinião veiculados pela imprensa. Escolhemos comentar discursos recentes, em que a dicotomia que os sustenta seja *conhecimento* x *ignorância*. Por acaso, ou não tão por acaso assim, o objeto desses discursos é o português "mal falado", segundo essas vozes, do presidente da República, o que o incapacitaria para o desempenho de sua tarefa (cf. Leite, 2005b).

Esse problema que parece fácil de ser resolvido é, em verdade, um enigma. Nosso objetivo ao tratar disso, como já deve ter ficado claro para o leitor, não é defender posições nem resolver a questão da norma linguística praticada no Brasil. Simplesmente analisamos discursos metalinguísticos manifestados em textos jornalísticos de diferentes gêneros para mostrar *como* e *por que* certas atitudes linguísticas podem ser consideradas intolerantes. Examinaremos o artigo "Em nome da lei do pior esforço", pelo qual a articulista manifestou opinião, repercutida em nível nacional.[1] Analisaremos também algumas passagens do artigo "Poses e trejeitos",[2] além de outros. O objetivo é, então, comentar por que discursos como esses podem ser interpretados como intolerantes.

Como analisaremos aqui um artigo que tem como tema o discurso e a língua do presidente Luiz Inácio Lula da Silva, vale a pena lembrar (embora saiba que o público-alvo deste livro está habituado à leitura de trabalhos científicos) que o nosso objeto de estudo não é o discurso do presidente, mas o discurso metalinguístico pelo qual se comentou a fala de Lula. Portanto, nossa postura diante disso é *eminentemente científica* (e não político-partidária) e tem como objetivo analisar a metalinguagem do artigo para mostrar como se constituem, pela declaração da não aceitação do discurso do *outro*, fatos de intolerância linguística. Isso significa que não defendemos nem acusamos as partes envolvidas no problema: nem o interpretado, o presidente, nem os interpretantes, os articulistas.

Antes de partir para a análise, entendemos ser proveitoso tecer breves comentários sobre a natureza do problema linguístico que leva as pessoas, em geral, a serem partidárias e apaixonadas nas defesas de opiniões favoráveis à liberdade total da língua em relação às regras da tradição. Há fatos incontestáveis, em todos os tempos, sobre a prática linguística, e um deles é a existência, para as línguas não ágrafas, de:

1º uma força *diversificadora*, que impulsiona a variação regional, social, estilística e temporal (sobrepostas em todas as emissões linguísticas), inerentes à língua;

2º uma força *unificadora*, representada pelo império da tradição de um conjunto de usos linguísticos, historicamente considerados como próprios dos que mais estudaram e acumularam conhecimentos por meio de leituras. Essa força é culturalmente *construída* e, portanto, secundária em relação à anterior.

A dialética dessas duas forças cria condições de *estabilidade da língua*, ou seja, *permite que os falantes de uma geração tenham a ilusão de que a língua praticada é estável.* Mas são naturais, a todas as línguas, os fenômenos da variação e da mudança, e *as línguas variam e mudam assim como varia e muda a vida do homem na sociedade.* Ocorre, todavia, que a segunda força, a unificadora, ao contrário da primeira, mais deletéria, materializa-se na forma, de um lado, de instruções e regras – que formam os manuais de gramática tradicional e outros congêneres – e, de outro, de listas de palavras já atualizadas, acompanhadas da apresentação de seus respectivos significados ou acepções – que formam os dicionários. Além disso, a gramática e os dicionários são instrumentos linguísticos divulgados na escola. Disse Aléong (1983) que esses instrumentos (gramática e dicionário) e mais a escola formam um "aparelho de referência" dessa tradição linguística.

Disso se pode facilmente concluir que, nos países em que **todos** (ou a maioria, pelo menos) os habitantes passam por escolas eficientes, a tradição da língua praticada é mais conhecida e fica, assim, à disposição dos falantes. Esses podem, em cada situação discursiva, optar tanto por uma emissão mais próxima quanto por uma mais distante dessa tradição. No entanto, a realidade brasileira é bem diferente: grande parte da população não tem acesso à escola. E o problema não é só esse, porque a minoria escolarizada está dividida entre os que tiveram acesso a uma boa (ou regular) escola e os que tiveram uma escola ruim, que nem mesmo souberam manejar esse aparelho de referência da tradição. Conclui-se que essa tradição esteja menos disponível a mais falantes brasileiros, e daí vem o preconceito (aqui é *preconceito* mesmo) de que "o brasileiro não sabe falar português".

Particularizando a situação agora para o problema da análise do artigo, temos o seguinte quadro:

- De um lado, o interpretante da prática linguístico-discursiva de um brasileiro, ambos conhecedores da tradição da língua. Para empregar termos linguísticos, praticante, também, da "norma culta" ou da "norma padrão".

- De outro lado, o interpretado, o discurso (e por que não dizer a pessoa?) de alguém que não conhece bem a tradição da língua (os motivos por que não conhece não interessam nesse caso por já extrapolarem o âmbito do campo linguístico.

> De modo amplo, pode-se dizer que a *norma*, no sentido linguístico, é o *filtro social da língua*, o que impele os usuários a empregarem certa construção linguística, e não outra, em determinada situação linguística. Em geral, o termo "norma" vem qualificado por adjetivos como "culta" ou "não culta", "padrão" ou "não padrão", por meio dos quais se tenta definir suas características. Esses, contudo, não são precisos, dada a ambiguidade que permitem em todos os casos. Em geral, todavia, pode-se dizer que o adjetivo "culta", como qualificador do substantivo *norma*, qualifica a linguagem praticada por pessoas escolarizadas, mais prestigiadas socialmente, cuja linguagem se caracteriza por aproximar-se (mais ou menos) das regras previstas nos instrumentos linguísticos (dicionários e gramática). Contrariamente, diz-se que a *norma inculta, ou popular*, é aquela praticada por pessoas de baixo prestígio social, de baixa escolaridade, cuja linguagem se afasta das regras previstas nos instrumentos linguísticos. Analogamente, qualifica-se a norma dita *padrão* em oposição à *não padrão*.

Esses são os fatos. Passemos, a seguir, à análise, tomando o discurso e o texto "Em nome da lei do pior esforço". A tese defendida no artigo, baseada na bipolaridade, nos contrários – *saber* x *não saber* [a tradição], ou no *conhecimento* x *ignorância* [da tradição] –, é a de que o presidente deixa de fazer intencionalmente uso da variante culta da língua com objetivos políticos, pois assim poderia angariar ou resgatar a simpatia dos milhões de eleitores não praticantes dessa variante. Seria, pois, uma intenção política.

Intolerância pelos artigos jornalísticos

Antes de tudo, leia-se a íntegra do artigo em questão:

Em nome da lei do pior esforço

Há de haver uma explicação para o empenho do governo em geral e do presidente Luiz Inácio da Silva em particular na consolidação do *pensamento banal*, da *palavra tosca* e do *ato irrelevante* como valores representativos do caráter nacional.

Seria de se esperar que, uma vez eleito, Lula fizesse um esforço – aproveitando as condições objetivas oferecidas pelo cargo – para superar suas deficiências de formação e tornar-se de fato um exemplo de ascensão social, política, educacional, cultural, e sobretudo pessoal.

Compreendendo um pouco mais a complexidade do universo ao redor, o presidente poderia, assim, traduzi-la com simplicidade e apuro aos milhões que viram nele a realização do sonho do brasileiro que "chegou lá".

Contrariando o curso da lógica, porém, o governo Lula tem andado para trás nesse quesito e parece particularmente interessado em *valorizar a insuficiência, incentivar o despreparo*, mostrar como é possível "chegar lá" *mantendo-se preso exatamente ao que debilita o ser humano e impossibilita o desenvolvimento da coletividade: o desconhecimento*.

Os exemplos dessa opção pelo *nivelamento por baixo* são diversos, constantes e ultimamente oferecidos de forma mais acentuada. A ponto de chamar atenção e despertar desconfiança sobre a possibilidade de essa involução ser proposital.

Não pode haver uma explicação a não ser o propósito previamente definido, para, por exemplo, o presidente da

República dirigir-se a uma plateia de funcionários dos Correios nos termos em que o fez ontem durante uma solenidade de lançamento de um novo serviço da empresa.

A conjugação de *argumentos irrelevantes* – "duvido que haja no mundo um país que tenha um correio como o nosso" –, *raciocínios triviais* – "Deus não elege um pernambucano de Caetés todo ano" –, com um *português ofensivo* à nacionalidade – "a gente tem que ser gentis" – e *conceitos socialmente excludentes* – "para os de cima o pobre tem que ser pobre a vida inteira" – não combina com os atributos até congênitos de alguém que foi capaz de chegar à Presidência da República.

Até porque basta observar como ao longo desses dois anos Luiz Inácio da Silva mostrou-se perfeitamente apto a adaptar-se aos ditames de determinadas situações, quando quis e a ocasião assim exigiu. Não obstante a preservação da tendência de simplificar a realidade, as extravagâncias – incluindo as idiomáticas – do início sofreram um processo de contenção.

Qual o motivo agora dessa *regressão ao ponto de origem?*

Apresenta-se como crível apenas a suposição de que o presidente esteja fazendo um tipo, exagerando nas tintas do personagem para alcançar algum objetivo.

Como o alvo adiante, admite-se publicamente e sem pejo no governo, até porque assim permite a lei, é a reeleição, lícito concluir que resida aí a razão da opção pelo populismo desabrido que estamos a observar.

Considerando que *o presidente sabe falar normalmente* (sem preciosismos, mas no limite do linguajar aceitável) quando quer, qual a necessidade de discursar aos carteiros agredindo o português da forma como fez ontem, sem deixar quase nenhuma frase incólume?

Não faz jus à campanha do governo de incentivo à autoestima do brasileiro a suposição de que para agradar aos humildes seja necessário dirigir-se a eles num *"companheirês" que desqualifica o idioma*, um dos mais fortes símbolos da soberania nacional.

Se os não instruídos falam errado o português, certamente a maioria não o faz por escolha, charme ou diversão, mas por obra das deformações sociais por todos amplamente conhecida e pelo presidente *sistematicamente lembrada.*

Trata-se, portanto, não de uma situação a ser enaltecida, mas de *algo a ser combatido*, inclusive e principalmente com o esforço dos "de cima" (cujo representante mais acima é justamente o presidente da República) para elevar o patamar de expectativa de instrução.

Será cruel para com o Brasil se o departamento de propaganda e marketing do Palácio do Planalto estiver, como parece, empenhado em sustentar a campanha pela reeleição no enaltecimento da figura do presidente da República como o *"brasileiro igualzinho a você"*, ressuscitando um já tentado, e malsucedido, lema de jornada eleitoral anterior.

Em 2002, Lula abandonou o *nivelamento por baixo, vestiu um figurino mais próximo da representação da média da sociedade* e ganhou a eleição. De certa forma e *no crucial – a economia – ficou dentro do parâmetro e surpreendeu favoravelmente.*

A escolha rendeu perdas na base social de origem, <u>mas</u> manteve o País à tona. Agora, há evidências de que o governo, à falta de discurso para o público que o elegeu dois anos e meio atrás, pretenda assegurar um novo período falando para aqueles que, segundo as pesquisas de opinião, sustentam em alta a popularidade de Lula.

É um caminho. *Legítimo e admissível,* <u>desde que</u> *não signifique a imposição do império da lei do pior esforço* a um país tão carente de qualificação. (*O Estado de S. Paulo,* 26 jan. 2005 – grifo nosso)

No texto vemos que se vai muito além da desqualificação da fala do presidente, chega-se mesmo à desqualificação do dialeto *do brasileiro* que fala como o presidente, embora o foco no texto seja o inverso, pois é o presidente que fala como o povo – e isso é o que realmente importa. O problema da crítica ao presidente fica atenuado porque, se a variante empregada por Lula em algumas situações é intencional, fica pressuposto que ele sabe, e pode, usar outra variante, a de prestígio. Mas o discurso concretizado no texto é contraditório nesse ponto porque denuncia um descompasso argumentativo, já que a declaração de que o presidente "sabe falar corretamente" é ao mesmo tempo afirmada e negada. Observemos a frase (§12):

> Considerando que *o presidente sabe falar normalmente* (sem preciosismos, mas no limite do linguajar aceitável) quando quer [...]

que traz a declaração de que a fala do presidente é *normal*, isto é, mais próxima da tradição, para verificar o seguinte: há aí uma frase parentética (*sem preciosismos, mas no limite do linguajar aceitável*) que restringe a afirmação duas vezes, por meio de duas estratégias diferentes, primeiro por meio de uma atenuante da declaração precedente, a locução prepositiva "sem preciosismos"; depois, há a restrição pela adversativa "mas" que introduz o argumento de que o "falar normalmente" fica no limite do aceitável. A negação definitiva da *normalidade* da fala do presidente aparece dois parágrafos depois, na seguinte afirmação (§14):

> Se os não instruídos falam errado o português, certamente a maioria não o faz por escolha, charme ou diversão, mas por obra das deformações sociais por todos amplamente conhecida e pelo presidente *sistematicamente* lembrada.

Se ele fala "sistematicamente" errado, como disse, fica negada a tese da ocasionalidade e da escolha. O que indica que a afirmação anterior foi formulada apenas por um recurso de polidez, para que a autora salvaguardasse sua imagem positiva.

O texto, contudo, é construído sobre o argumento da intencionalidade do emprego da variante popular pelo presidente, o que se vê desde a colocação do problema, no primeiro parágrafo:

> Há de haver uma explicação para o empenho do governo em geral e do presidente Luiz Inácio Lula da Silva em particular na consolidação do pensamento banal, da palavra tosca e do ato irrelevante como valores representativos do caráter nacional.

A reposta a essa pergunta implícita é, conforme registrado no texto, o *populismo* com vistas à reeleição, como já comentado. O trecho citado é importante porque revela a ideologia de que a língua condiciona o pensamento e, consequentemente, a ação; logo, um falante de uma variante que não seja a culta não pensa nem age de modo inteligente. E aí reside o problema.

A lei do pior esforço é referente, exatamente, ao esforço de Lula falar como o brasileiro, como a maioria, o povão. O adjetivo do título do texto obriga-nos a observar a seleção lexical evidente no texto já que o *pior* é falar como o povo cujo dialeto, por comparação implícita ao do presidente, é (des)qualificado por meio de expressões negativas como: (nivelamento por) baixo, deficiente, insuficiente, despreparado, deformado, extravagante. Em suma, é anormal e deve ser combatido (§15): "Trata-se, portanto, não de uma situação a ser enaltecida mas de algo a ser combatido..."

Já que a premissa é a do condicionamento língua/pensamento/ato, fica pressuposto que os *erros de língua* levam a *erros de discurso*, quando diz (§7):

> A conjunção de *argumentos irrelevantes* – "duvido que haja no mundo um país que tenha um correio como o nosso" –, *raciocínios triviais* – "Deus não elege um pernambucano de Caetés todo ano" –, com um *português ofensivo à nacionalidade* – "a gente quer ser gentis" – e *conceitos socialmente excludentes* – "para os de cima o pobre tem que ser pobre a vida inteira" – não combina com os atributos até congênitos de alguém que foi capaz de chegar à Presidência da República.

O dialeto do presidente é caracterizado pela palavra "*companheirês*", escrita entre aspas para indicar que a referência não se limita ao neologismo, mas também para ironizar a escolha da variante linguística popular. O "companheirês", como foi denominado o dialeto dos milhões que elegeram o presidente, e não propriamente o dialeto de Lula, é conceituado como uma desqualificação do idioma (§13):

Não faz jus à campanha do governo de incentivo à autoestima do brasileiro a suposição de que para agradar aos humildes seja necessário dirigir-se a eles num "companheirês" que *desqualifica o idioma* [...]

A ideia da equiparação do dialeto de Lula ao do povo é ainda mais clara quando a autora conjetura se realmente a opção pelo emprego do dialeto popular seria uma estratégia de propaganda e marketing em prol da reeleição do presidente. Nesse momento, a autora aproxima explicitamente o dialeto do presidente ao dialeto do povo brasileiro, pelo menos ao daqueles milhões que nele votaram. Disse ela (§16):

> Será cruel para com o Brasil se o departamento de propaganda e marketing do Palácio do Planalto estiver, como parece, empenhado em sustentar a campanha pela reeleição no enaltecimento da figura do presidente da República como o *"brasileiro igualzinho a você"*, ressuscitando um já tentado, e malsucedido, lema de jornada eleitoral anterior.

De acordo com o texto, Lula ganhou a eleição de 2002 porque abandonou essas características populistas e procurou assemelhar-se ao padrão de classe média, tanto em relação à indumentária quanto à linguagem. E a expressão escolhida para caracterizar a situação anterior, ou seja, a proximidade dialetal presidente/povo, foi *"nivelamento por baixo"*. Já para a mudança de situação e padrão, ou seja, para a aproximação presidente/classe média, foi escolhida a expressão metafórica *"vestiu um figurino"*, numa remissão aos ternos Armani que o presidente passou a usar na ocasião da campanha, fato exaustivamente comentado na imprensa. Vê-se no § 17:

> Em 2002, Lula abandonou o nivelamento por baixo, vestiu um figurino mais próximo da representação da média da sociedade e ganhou a eleição [...].

O padrão de linguagem da classe média brasileira, em geral, não é *o mais próximo* da tradição, também o padrão de figurino não é Armani... a exigência está bem acima da realidade.

O foco da análise explícita visto no texto é a linguagem de Lula, mas a avaliação do governo não passou ao largo, depois dessa observação da "melhora de padrão". Segundo palavras da articulista, o governo vai bem porque o mais importante, a economia, está correspondendo às expectativas dessa classe média referida (a que veste Armani). A conclusão do parágrafo anteriormente citado é:

> De certa forma e *no crucial – a economia –* ficou dentro do parâmetro e *surpreendeu favoravelmente.*

Se tudo, então, está bem, pode-se perguntar por que o temor aparente por trás da crítica ao discurso/língua do presidente? É que, conforme o texto, a economia vai bem, mas a maior parcela da sociedade vai mal porque, ao atender a um setor social, o presidente deixou de atender ao outro. E se na primeira mudança atendeu à classe média, na segunda na "regressão ao ponto de origem", como disse, pode querer agradar à parcela esquecida e, quem sabe, descuidar da economia. A organização linguística desse argumento, posto em um período encabeçado por uma oração que traz a afirmação do déficit social do governo (*"A escolha* [pela economia] *rendeu perdas na base social de origem* [a maioria que não integra o padrão da classe média]"), conectada à outra pela conjunção adversativa "mas" para aduzir o segundo argumento em que traz avaliação da situação atual do país (*"mas* manteve o País à tona"), posiciona toda a força argumentativa na segunda e leva o leitor à seguinte inferência: "não importa se o povo está mal, importa que a economia esteja bem". Assim fica claro que o importante é a manutenção do padrão da classe média em todos os sentidos, inclusive o linguístico, embora pareça que o texto traga reclamação maior sobre a linguagem.

O parágrafo conclusivo do texto traz o mesmo raciocínio. Primeiro, a aceitação da situação resumida numa oração absoluta ("É um caminho."); depois, sua rejeição categórica numa estrutura linguística concessiva ("Legítimo e admissível, *desde que* não signifique a imposição do império da lei do pior esforço a um país tão carente de qualificação."). Fica a pergunta: o que seria o caminho legítimo e admissível?

A intolerância do texto existe em razão da rejeição, denunciada pelo discurso da autora, aos que ignoram a tradição da língua e que, portanto, são incompetentes para o desempenho de atividades que exijam algum esforço intelectual. É a lógica "se não sabe falar (a norma culta), não sabe pensar".

Essa conclusão é a mesma do texto de outro articulista que, em sua coluna, no mesmo jornal, incorporou o discurso de sua colega e arrematou, confirmando a argumentação aqui desenvolvida: "O falar errado de Lula não constitui um dado isolado e sem consequências. Sua 'palavra tosca' arrasta consigo o 'pensamento banal', que, por sua vez, responde pelo 'ato irrelevante'".[3] Lembramos ainda que essa foi a frase citada na revista *Veja*, da semana de 23 de fevereiro de 2005, na coluna de frases da semana "Veja essa".

Passemos, então, a comentar, brevemente, o artigo "Poses e trejeitos". O motivo que levou o escritor a elaborar o artigo foi uma resposta que o presidente Lula deu a Boris Casoy sobre a denúncia, na imprensa internacional, a respeito das relações do PT com as Forças Armadas Revolucionárias da Colômbia (Farc), com Hugo Chávez e com Fidel Castro. Pela narrativa de Carvalho sobre o episódio, o presidente, indignado, disse a Casoy que aquela denúncia havia sido feita por um "picareta de Miami" e que o jornalista não deveria tocar nesse assunto na TV.

O autor, por sua vez, indigna-se com a falta de polidez de Lula ao se referir ao provável autor do comentário, o escritor cubano Armando Valladares, a quem o jornalista reputa grande personalidade, não somente pelo valor de sua obra como também pela resistência e coragem com que atravessou certas circunstâncias políticas. Até esse ponto, não há o que se questionar: são opiniões. O problema aparece quando surgem referências ao presidente, como se pode ler no trecho seguinte:

> Ao se referir a ele [ao escritor cubano] num tom de superioridade afetada, o sr. Inácio provou a vulgar mesquinharia do seu próprio espírito, o espírito de um caipira arrogante e presunçoso, a arrotar superioridade ante uma figura humana que transcende infinitamente o seu horizonte de compreensão.
>
> *Também, não se poderia esperar outra conduta do homem que em três décadas de ascensão social ininterrupta se esmerou mais em fazer as unhas e em posar com ternos Armani do que aprender algum idioma, mesmo que fosse o seu próprio.* Que esse indivíduo de envergadura microscópica tenha se tornado o ídolo de todo um povo, só mostra o quanto esse povo perdeu todo o senso de medida das virtudes humanas, já não sendo capaz de apreender sinais de grandeza de espírito e mérito, senão na forma dos mais postiços simulacros, midiáticos e eleitorais. (grifo nosso)

O texto fala por si, mas não é demais apontar o preconceito e a intolerância explícitos nesses dois parágrafos. Primeiro, a lógica do preconceito: "se o homem é caipira, não tem direito de emitir opiniões sobre alguém de outra estirpe", "o caipira tem de ficar para sempre excluído da sociedade não caipira, civilizada". Segundo, a referência à habilidade linguística de Lula é destruidora, já que o presidente não saberia nem mesmo falar sua própria língua. A conclusão não poderia ser outra: "se o sujeito é caipira, se nem sabe 'falar bem', não existe, tem 'envergadura microscópica'". Esse é um exemplo claro de como preconceituosa e intolerantemente alguém usa alguns atributos do outro, aqueles diferentes dos seus ou dos que ele considera bons e suficientes, para desqualificar, anular, destruir e, até, como vimos, excluir, pelo discurso, o *outro* do grupo dos seres humanos. A história dos australopitecos contada por Rouanet (2003) está sempre presente, como vimos aqui, no capítulo "Preconceito e intolerância na linguagem: algumas reflexões".

Para humilhar alguém, o argumento de que a pessoa não sabe falar a própria língua é recorrente na imprensa. Outro exemplo vem de um artigo sobre personagens de TV que uma revista de circulação nacional, na seção denominada "Televisão", para comentar, criticando, a atuação do ator Alexandre Frota em um programa do tipo *reality show* em Portugal.[4] O artigo todo é ácido relativamente ao ator, à TV portuguesa e, no fundo, aos portugueses. O título, "A última do português", por si já dá o tom da crítica do artigo, mas os adjetivos que o repórter usa para descrever o ator e as informações sobre ele são pesados. No primeiro parágrafo do texto, vemos o seguinte:

> Assim como ocorre no Brasil, as maldades da megera Nazaré na novela *Senhora do destino* são um sucesso em Portugal. Mas, lá, a personagem de Renata Sorrah não é páreo para outro produto brasileiro: o ator-brucutu Alexandre Frota. Três anos depois de ter vivido quinze minutos de fama por aqui com o reality show *Casa dos artistas,* Frota causa celeuma em Portugal como participante de uma atração similar: a *Quinta das celebridades.* Exibido pela rede TVI, o programa ocupa o primeiro lugar de audiência na terra de Camões. É visto por 2,5 milhões de pessoas – um quarto da população do país. Para integrar seu elenco, o hoje empresário do ramo pornô teve de aprender a falar o português de Portugal. *Agora, só falta aprender a versão brasileira da língua.* (grifo nosso)

O ator é classificado como grosseiro e casca-grossa, pelo adjetivo "brucutu", mas a (des)qualificação mais pesada, a de ignorante, vem pelo argumento linguístico-discursivo, pela ironia vista na frase grifada. A ofensa à linguagem, como já afirmamos, machuca mais que outras críticas.

Em artigos políticos, se há ocasião, como já vimos antes, se uma circunstância da realidade oferece oportunidade de a linguagem ser o mote do texto, e o jornalista a aproveita, o texto se constrói na trilha da crítica linguístico-discursiva, como no seguinte texto da *Folha de S.Paulo*, em abril de 2004:[5]

Preguiça "desgramada" e outras gafes

SÃO PAULO – Para as crianças, ler é tão desanimador como as caminhadas para os adultos sedentários: "*dá uma preguiça desgramada*", disse o presidente Lula da Silva ao inaugurar a Bienal do Livro de São Paulo.

Lula não lê mais de duas páginas de relatórios, dizem assessores, gosta de piscina, churrasquinho, pelada e música sertaneja, samba, suor e cerveja. Não deixa, pois, de ter razão o realismo pedestre de Lula sobre a leitura. Preconceito? Não é o caso.

O presidente não é deus, como alertou, mas gosta de ser a voz do povo, um megafone de hábitos, trejeitos, preconceitos, utopias e até sabedorias populares. Tanto faz, a princípio, que Lula seja assim. *O problema é que ele não consegue transcender seu realismo pedestre a fim de desempenhar o papel público de presidente, de transmitir uma visão mais racional e elaborada sobre as questões públicas. Limita-se às metáforas chãs, tem amor pelas mezinhas, pelas alegorias da vida de peão, sobre o companheiro que leva bronca da patroa por ter parado no botequim para a cervejinha.*

Esse bestiário da vida operária não dá conta do debate democrático, *o metaforismo popular não é capaz de traduzir questões de governo para o povo pobre*. É apenas demagogia, talvez não intencional: *Lula é o que parece ser*. Transmite seus preconceitos sem pejo ou mesmo consciência do que faz, como no caso da gafe sobre a leitura e tantas outras.

Depois de tal gafe, veio o complemento habitual dos discursos de Lula: tal e qual problema é grave, mas "temos de ter políticas", no caso "para garantir que a criança adquira o prazer de leitura". Tal como um Policarpo Quaresma ou um

Quincas Borba operários, Lula tem espasmos frequentes de palanquismo salvacionista, de criar emplastros cura-tudo, de planos para redimir a república.

Já vimos os falidos Fome Zero, Primeiro Emprego, bolsa-fogão e tantos outros. Agora, Lula quer criar frentes de trabalho, engajar recrutas para dar-lhes uma profissão para a qual não haverá emprego. Quando Lula convocará os sem-terra para construir pirâmides keynesianas?

Isso é Lula, apenas um homem só. Mas que país é esse em que um governo tanto pode ser a encarnação dos modos desse homem? (grifo nosso)

O que interessa ressaltar desse e de muitos outros textos sobre a linguagem do presidente não é, como já dissemos, o problema de sua competência linguística, mas o fato de os problemas linguísticos serem sempre o argumento mais forte para a desqualificação da pessoa biográfica, Luiz Inácio Lula da Silva, ou política, o presidente da República. A crítica linguística, nesse caso, não aparece desvinculada do interesse político. Nesse texto, o próprio jornalista contra-argumenta com o leitor que viesse a se perguntar: afinal, isso não é preconceito? Se o homem falasse de outro modo, seria melhor presidente? Haveria menos corrupção em seu governo? Faria menos promessas vazias? Seria uma pessoa mais honesta, justa e cheia de bondade? Certamente não. Por isso, pergunta-se o jornalista: "Preconceito?", ao que ele mesmo responde sem rodeios: "Não é o caso". Não é o preconceito, realmente, é mais que isso, é intolerância. O fato que confirma tal interpretação é o de o jornalista concluir, depois de deixar pressuposta a incapacidade linguístico-discursiva do presidente, que "Lula é o que parece ser", ou seja, minúsculo, ridículo, ina-

> Diz-se "linguístico-discursivo" quando um dado fenômeno não se restringe somente a uma questão de língua (léxico ou gramática), mas também, por exemplo, à situação na qual a língua se atualiza, como a escolha do nível de linguagem ou registro adequados a uma situação de comunicação. O discurso é o *processo* do qual o texto resulta.

dequado... e tudo o que a crítica, como foi tecida, leva o leitor a inferir. Esse é o fato aqui denunciado, e não a crítica à linguagem, o que quer dizer que nada haveria de errado se, simplesmente, suas dificuldades com a norma culta fossem apontadas, comentadas ou criticadas, analisadas.

Como é fácil deduzir, o motivo principal dessas crônicas não é simplesmente constituído pelas falhas gramaticais dos usuários, mas também pelas falhas discursivas. No caso do último exemplo, o motivo foi a inadequação da palavra escolhida pelo presidente para se referir à dificuldade de leitura pelas crianças e as metáforas banais que emprega.

A lógica do "não sabe pensar, não sabe falar" está muito presente no imaginário popular e pode ser observada em muitas situações. Para mostrar isso, transcrevemos um e-mail copiado do blog dos estudantes da Universidade de São Paulo (USP), escrito durante o ato político de ocupação da reitoria, em maio de 2007, em que uma leitora se refere indignada à linguagem, e muito mais ao conteúdo, de outros leitores que apresentavam opiniões contrárias ao ato, conforme se vê a seguir:

> Comento no meu 1º mail não a foto, fantástica de professores reunidos com alunos, num momento importante de reflexão, mas é um comentário indignado com os comentários aqui relacionados! *linguagem daqueles que não pensam portanto não sabem falar, escrever, ler, refletir.* Parabéns caros alunos pela força, pela luta! Resistam!! Estarei torcendo bravamente!!. (grifo nosso)

A leitora escreveu essa mensagem no espaço do comentário de uma foto que mostrava alguns professores da USP na Reitoria, onde os estudantes estavam acampados, prontos para fazer um seminário. O que ela queria mesmo era comentar o conjunto de mensagens que outros leitores haviam deixado no blog, muitos com palavras duras contra o movimento estudantil, por meio de um nível de linguagem comum em mensagens eletrônicas de jovens. Pelo que percebemos, a leitora recorreu ao argumento mais fácil e comum para atingir os missivistas: atacar a linguagem com que se manifestaram; e, nesse momento, foi intolerante e misturou a avaliação linguística com as diferenças ideológicas.

Intolerância pelas crônicas

Nas crônicas também, vez por outra vemos a repetição dessa ideia intolerante. Pelo que imaginamos, os autores dessas frases não devem ter consciência do que falam. Será mesmo que acreditam não haver inteligência fora da norma culta? E os milhares de artistas analfabetos (artesãos, repentistas e cordelistas, por exemplo) que criam obras tão admiráveis quanto outras quaisquer? E os artistas da cultura popular que, embora alfabetizados, também não dominam ou não são praticantes da norma culta, mas constroem sua obra, como poetas, letristas, músicos em geral etc.? Não se pode negar, todavia, que o letramento potencializa a capacidade de expressão, mas entre afirmar que os iletrados ou aqueles com baixo nível de letramento não pensam há uma diferença de postura enorme. Vejamos, então, na crônica a seguir[6] a incorporação da ideologia "se não fala a norma culta, não pensa".

Certo ou errado?

A língua portuguesa está mudando. Se é um processo bom ou ruim, tenho minhas dúvidas. Mas é fato. Ao longo dos séculos, o português passou por inúmeras modificações. Já tentei ler textos do século XVIII. Impossíveis de compreender. Mal se reconhece o idioma pátrio. Ultimamente, tudo parece mais rápido. Palavras que ontem não existiam estão incorporadas ao vocabulário. Como o verbo deletar. Vindo do inglês, tornou-se comum com a popularização dos computadores. Significa apagar, eliminar. Já vi uma mocinha comentar sobre um desafeto:

– Deletei o safado da minha vida!

Quem costuma entrar na internet está familiarizado com as incontáveis abreviações. Criou-se um português codificado. Às vezes é preciso decifrar: "kd vc" quer dizer "cadê você?" ou, mais genericamente, "por que você sumiu?". "Blz" é "beleza", uma gíria para expressar concordância. "Rs", "risos". "Aki" é o popular "aqui". E assim por diante. A grafia de palavras com til também tem mudado: "não" é "naum", por exemplo. Ainda me confundo com certos hieróglifos, como :) para indicar um sorriso. Além de uma série de outros sinais, de cujo significado não tenho a menor ideia! Muitas vezes me sinto um mastodonte atolado enquanto o mundo caminha velozmente.

É bom ou ruim? Continuo a me perguntar! Em alguns casos, é péssimo. Raramente vejo o "há" grafado de maneira correta. Costumam esquecer o "H". É de doer, pois demonstra a falta de alguns rudimentos básicos. Em legendas de cinema, já cansei de ver a grafia errada: "*a* muito tempo...". Mesmo em jornais, eventualmente. Talvez seja inevitável: o "H" corre o risco de desaparecer, pela falta de uso. (E de utilidade, convenhamos, pois no início de palavras não tem sentido fonético.)

Ainda usamos expressões surgidas em outras épocas, quando a vida era diferente. Outro dia um amigo fofocou:

– Ela deu com os burros n'água!

Embora nas cidades grandes ninguém mais ande de carroça nem corra o risco de atolar com os quadrúpedes. Quando, certa vez, escrevi uma história de época, analisava as expressões dentro do significado histórico para saber se eram adequadas ou não. Um personagem falava:

– Comi à tripa forra!

"Tripa forra" vem da época da escravidão, quando o escravo forro era livre. Significa que se comeu à vontade, livremente. Em outra ocasião, botei um personagem vociferando:

– Vou te tirar do meu caderninho!

Um pesquisador me alertou:

– Na época as pessoas não tinham telefone. Só se passou a botar e tirar pessoas do "caderninho" ao surgir o hábito de anotar nomes e números.

Formas de falar logo ficarão obsoletas. Um ex com dor de cotovelo ainda pode reclamar:

– Ih! Ela queimou meu filme!

As máquinas fotográficas ainda têm filmes. Do jeito que as coisas vão, em breve todas serão digitais. Surgirá outro jeito de dizer a mesma coisa.

Aprender a usar a gramática, tempos verbais e a grafia correta é uma maneira de treinar o raciocínio. *Quem não sabe falar ou escrever provavelmente não articula bem os pensamentos.* Tenho medo de que certas mudanças sejam fruto de escolas péssimas, deficiências de aprendizado ou, simplesmente, preguiça. Mas também é preciso aceitar a evolução!

Portanto, nem tanto ao mar nem tanto à terra! Ei... Acho que essa expressão vem dos tempos em que marinheiros ainda saíam em busca de novos mundos! Na época, era moderníssima! Mais um motivo para apreciar nossas modernidades! Cada época se espelha em um modo de falar, ou a vaca vai para o brejo, ou a gente cai do cavalo, ou entra em um buraco negro. Fascinante é saber que a língua, enfim, é viva! (*Veja*, 16 fev. 2005 – grifo nosso)

A crônica poderia ter ficado sem esta reflexão, "*Quem não sabe falar ou escrever provavelmente não articula bem os pensamentos*", que a empobreceu consideravelmente. Parodiando o ditado popular, poderíamos dizer que "linguista e louco, todo mundo quer ser um pouco" para explicar esse ímpeto do cronista ao se aventurar em seara que não é a sua, a filosofia da linguagem.

Restam dúvidas sobre o caráter intolerante do discurso examinado? Esses são fatos que "passam" sem o autor perceber.

Intolerância pelas cartas de leitores

O preconceito e a intolerância manifestam-se em materiais linguísticos os mais variados. Recentemente, por exemplo, deparamo-nos com uma coleção de cartas de leitores da *Folha de S. Paulo*, cujo teor é o comentário sobre a linguagem praticada no jornal. Em verdade, o objetivo dos leitores que enviam cartas à redação é, via de regra, emitir opinião a respeito de alguma situação publicada no jornal. Nesse caso específico, os leitores escrevem para manifestar opinião sobre a linguagem do jornal, para reclamar dos "erros de português" por eles detectados nos textos, na versão impressa ou eletrônica. Como o material é representativo e adequado ao estudo da atitude linguística dos leitores, tomamo-lo como *corpus* e o analisamos.

No caso das cartas, vimo-nos obrigadas a recorrer de imediato a conceitos de *atitude linguística* (cf. Labov, 1966; Giles e Coupland, 1991; Downes, 1998), de *variação, uso* e *norma linguísticos* (cf. Aléong, 1983; Halliday, 1974; Auroux, 1998) e também de *intolerância* e *preconceito linguísticos* (cf. Leite, 2005a). A metodologia do trabalho com as cartas também foi indutiva, isto é, partimos diretamente para a análise sem formular conjeturas ou hipóteses sobre elas. Procedemos à análise do discurso das cartas, observando caso por caso, levantando inicialmente tudo o que caracterizasse a *atitude linguística* de cada leitor, separando e classificando seus diferentes tipos para, então, estudá-las.

Estudar a *atitude linguística* significa analisar, a partir de manifestações concretas, metalinguísticas, que *sentimentos* certas escolhas linguísticas podem evocar no ouvinte/leitor e como isso se relaciona com as normas linguísticas e sociais. As manifestações do leitor/ouvinte podem ser espontâneas ou provocadas. No primeiro caso, o ouvinte/leitor emite, aleatoriamente, seu parecer sobre o que ouviu ou leu para comentar ou criticar especificidades do texto com o qual entrou em contato. No segundo caso, o ouvinte/leitor é solicitado a emitir seu parecer sobre um texto previamente selecionado por um pesquisador que deseja estudar a atitude, a reação, dos falantes de uma dada variedade de língua, sobre um fato específico de fonologia, fonética, morfossintaxe, semântica ou sobre o discurso como um todo.

Dentre as atitudes linguísticas manifestadas pelos leitores por meio das cartas (metadiscursiva, autoavaliativa, sarcástica, elogiosa etc.), e por nós identificadas, uma se configurou como *intolerante*, tal como se pôde observar até aqui pelos exemplos já comentados e que também poderá ser observada adiante no conjunto de cartas de leitores que vamos passar a examinar. Primeiro, contudo, vejamos alguns dados sobre o material a ser apresentado.

No dia 18 de dezembro de 2005, domingo, o *ombudsman* da *Folha de S.Paulo*, na ocasião o jornalista Marcelo Beraba, publicou sua coluna com o título "Em bom português". Nesse texto, o jornalista analisava a situação do jornal em relação aos "erros" e, em especial, aos "erros de português".

O conceito de erro do jornal não se resume ao de "erro de português", é mais amplo e abrange os de digitação e de padronização dos textos. Mesmo assim, diz o *ombudsman*, "a maioria dos erros é de português". Pela estatística do jornal, a média de erros, em geral, é de cinco por folha, o que dá um percentual de 0,80 por coluna de texto. Por isso, a crítica de Beraba foi severa: "os números oficiais confirmam que o jornal vai mal nesse quesito".

Essa situação é percebida pelos leitores que, frequentemente, se dirigem ao jornal para reclamar dos erros que conseguem perceber. Durante o ano de 2005, o *ombudsman* recebeu, em média, 3,1 cartas por dia; foram 116 até a data da publicação do artigo citado. O jornal deve ter recebido outras tantas, porque, pelo que se deduz dos comentários dos missivistas, o primeiro canal de reclamação de que o comentarista se lembra é a seção "Painel do leitor" que, todos os dias, publica uma seleção das mensagens recebidas sobre variados temas. Quando o leitor não se vê atendido por esse canal, dirige-se ao *ombudsman*. Outras vezes, a reclamação é encaminhada pelo site do jornal, mas também pode ser enviada ao *ombudsman*, como podemos deduzir do que disse o seguinte leitor: *"Colo abaixo msg que enviei (por dentro do saite) à 'Folha' e que, segundo me foi respondido, foi recebida por 'Erramos'"*. Alguns leitores não sabem bem a quem se dirigir para encaminhar a reclamação linguística, mas, por se sentirem fortemente incomodados com os tais erros, escrevem para o *ombudsman*. Reproduziremos as cartas com a grafia constante do arquivo enviado pelo *ombudsman*. Além disso, para atender a uma exigência do *ombudsman* que nos enviou o arquivo, não identificaremos os leitores que escreveram as cartas. O trecho citado está na carta número 88 (C. 88), conforme será mostrado adiante.

No artigo "Em bom português", Marcelo Beraba traça um perfil da história do controle de erros do jornal, desde 1980 até 2005, para mostrar como esse assunto sempre importou à redação. Explica, por fim, que, em decorrência dos problemas financeiros do jornal, a seção de revisão foi muito reduzida e só contava, naquela época, 2005, com seis profissionais e um professor de português. A política de contagem de erros que vigorou no passado, de 1984 a 1996, e que orientava as estratégias a serem adotadas para a sua redução foi drasticamente alterada. Hoje, apenas funcionam os cursos de português.

Diante da importância que as cartas dos leitores poderiam representar no que diz respeito ao estudo da *atitude linguística*, entramos em contato com o *ombudsman* para indagar-lhe sobre a possibilidade de cedê-las para pesquisa. Marcelo Beraba, depois de consultar a direção do jornal para explicar o propósito científico do pedido, enviou-nos o arquivo com 108 das 116 cartas referentes ao ano de 2005. Para que essa concessão fosse possível, acordamos que o jornal eliminaria todos os dados de identificação dos leitores antes de enviar o arquivo. As cartas, portanto, serão aqui citadas por um número que agregamos a cada uma pela ordem em que se apresentam no arquivo enviado pela *Folha*. Assim, a indicação (C. 1), por exemplo, diz respeito à carta número 1 do arquivo e assim por diante, até a de número 108 (C. 108). O número de ocorrências analisadas, todavia, não é esse, é um pouco maior, porque algumas cartas têm comentários sobre mais de um problema.

Ainda para esclarecer dados sobre o *corpus*, é importante dizer que a maioria das cartas traz reclamações acerca da linguagem praticada na *Folha* impressa, mas algumas são também relativas à *Folha Online*. O balanço dessa origem foi feito, mas não é preciso, pois não é possível saber se os comentários de muitas das cartas têm como referência o texto da *Folha* impressa ou da online. Nas cartas das quais é possível extrair a informação da origem predominam críticas ao jornal impresso. Do arquivo completo, escolhemos para análise mais detida, no âmbito deste trabalho, as cartas em que o leitor reage apaixonadamente em relação aos erros ou supostos erros que detecta de forma violenta ou agressiva, desqualificando o redator.

Em geral, os comentários sobre os usos representam denúncias do que o leitor considera *erro de português*, e são sempre apaixonados, por isso, adjetivados. Muitos se sentem tão indignados e decepcionados com o nível de linguagem do jornal, julgado quase sempre abaixo do aceitável, que declaram ter deixado de assiná-lo. Há também comentários que refletem *intolerância* frente a qualquer erro do jornal, seja de conteúdo ou de linguagem. O leitor da (C. 22), por exemplo, ao tratar do que julgou um erro do conteúdo de uma reportagem, disse: "Tenho encontrado com frequência erros que me parece [sic] acima do tolerável" e, depois de explicar o suposto erro, afirma que não compara a *Folha* com outros jornais, porque não encontra neles boa qualidade, por isso termina afirmando: "Não quero nivelar por baixo".

Quando o erro é de linguagem, então, não tem perdão, os leitores ficam revoltados, ofendidos, indignados, envergonhados. Vejamos a seguinte carta em que o leitor declara serem os erros ofensivos, e os jornalistas, ignorantes. Além disso, percebe-se o "tom" impaciente do comentário inteiro. Confiramos a carta:[7]

> Bom dia.
>
> *Os erros de português na Folha Online já estão ficando ofensivos.* Ontem li algo como "Defesa alega não existir provas...". Cadê a concordância verbal? Sujeitos separados dos predicados por vírgula do predicado [sic], características gramaticais da oralidade indevidamente transferidas para textos escritos e erros de regência são praxe. *O fato de o jornal ser online não justifica tanta ignorância. Jornalistas devem saber escrever.* O Feltrin é um dos campeões. *Já essa Fabíola Reipert abusa...* Veja só quantas *pérolas* em uma única coluna:
>
> "Marcelo Valente, de 19 anos, *que* Ivete Sangalo está saindo (*com quem*)"
>
> "...a autora disse que vai eliminar da história a entidade que *defenderia* os maus tratos aos animais".
>
> Não acredito que na novela haveria uma entidade que defendesse os maus tratos aos animais, mas sim que defendesse os animais dos maus tratos! (C. 100 – grifo nosso)

"Os erros da Folha estão ofensivos", diz o leitor, mas ofendem o que ou quem? Ofendem, pelo que se pode inferir dos termos dos comentários, a tolerância do leitor. O "essa" usado para agredir a jornalista, na expressão "essa Fabíola Reipert", em que está elíptica uma expressão, que fica apenas sugerida no espaço de um determinante adjetivo, o qual o leitor deve inferir, e o verbo escolhido para declarar, também desqualificando (*abusa*) a ação da redatora, não deixam dúvidas sobre a falta de tolerância da leitora frente a tal situação. A oposição *ignorância,* dos jornalistas, vs. *ciência,* do leitor, é fundamental nas denúncias.

Ignorância e analfabetismo, qualidades atribuídas aos jornalistas da *Folha,* também são evocados com toda veemência na carta (C. 5):

> Em notícia de 26/11/2005 – 18h51 Oposição tem atitude de "mau perdedor" no texto publicado por vocês explicita-se o seguinte: "O deputado federal José Dirceu (PT-SP) afirmou hoje que a oposição está agindo como 'mau perdedor'". O mínimo que se exige em termos de concordância [sic] é que ela (a oposição) seja uma má perdedora. Foi o Dirceu quem disse isso ou foram vocês que transcreveram a nota? E o resto do artigo? Quem escreveu isso? *Perguntem a quem aí mais dotado de conhecimentos da língua portuguesa quantos erros de linguagem básica há nessa simples frase (do mesmo artigo):* "Ontem, o presidente do Conselho de Ética da Câmara, Ricardo Izar (PTB-SP), distribuiu aos ministros do STF um documento afirmando que os advogados de Dirceu estão recorrendo a 'chicanas procrastinatórias'". *Decerto vocês devem ter como parâmetro* [sic] *que o maior percentual das pessoas que leem esses disparates que escrevem devem* [sic] *ser no mínimo tão ou mais analfabetos como vocês mas, pelo amor de Deus, devagar!* (C. 5 – grifo nosso)

A estratégia que o leitor usa para iniciar seu discurso revela claramente que ele se posiciona em um patamar superior ao de quem ele coloca na posição de "redator analfabeto". São perguntas incisivas: "Foi o Dirceu quem disse isso ou foram vocês que transcreveram a nota?". Essa pergunta até funcionaria como um álibi para ele, caso a *Folha* respondesse que se trata de reprodução do discurso do político. É um ataque que já traz embutida a defesa. Ocorre que, na matéria, a expressão "mau perdedor" aparece entre aspas, na manchete, como o próprio reclamante transcreveu, e também no corpo do texto; portanto, não havia motivo para essa crítica. As outras indagações não deixam dúvidas, são para humilhar o jornalista: "E o resto do artigo?", "Quem escreveu isso?". O autor da reportagem está declarado no texto do jornal: é a jornalista Mariana Campos, da agência da *Folha* de Santos. Nada disso importou ao leitor que, indignado, continuou esbravejando. Depois, numa atitude de desdém, disse que o autor da matéria não conhece a língua portuguesa. Não se contentando com o que havia dito, desqualifica o texto e o jornalista. Não importa, como se vê, que o missivista não tenha tão bons conhecimentos sobre as regras que exige ver cumpridas, o que interessa observar é a fúria com que alguém pode se manifestar sobre um uso linguístico que julga errado, ruim ou feio. A pecha de ignorante é a que, em casos como esse, mais facilmente o acusador imputa ao acusado. Os comentários desse leitor são baseados também na oposição *conhecimento* vs. *desconhecimento* da língua portuguesa, que significa domínio das regras da norma culta vs. desconhecimento dessas regras.

Os erros podem incomodar muito o leitor, como se vê na seguinte carta:

> Não sei se esta observação deveria ir para o *ombudsman*, mas, se não, talvez o sr. possa encaminhar para o canal competente. Eu gostaria de saber: ainda se usa fazer aquela operação (antiga) de REVISÃO? Não sei se os avanços tecnológicos aboliram este passo, mas algo está acontecendo com a Folha – *os erros estão crescendo assustadoramente* – tanto em ortografia como em gramática. **É horrível ler um jornal assim**! É possível tomar providências? (C. 47 – grifo nosso)

Essa declaração da autora da (C. 47) mostra que os erros podem causar uma sensação de mal-estar no leitor a ponto de ele não suportar a leitura e evitar o contato com o jornal. Esse leitor usa duas expressões fortes para qualificar a situação do jornal. Primeiro "os erros" foram postos na posição de sujeitos agentes, com características de ser animado, cuja ação é modalizada por um advérbio próprio para qualificar ações e sentimentos humanos; assim, o erro se humanizou e assusta o leitor (*os erros estão crescendo assustadoramente*). Depois vem o adjetivo (*horrível*) que superlativiza o sentimento do leitor diante da leitura de jornal com erros.

Vejamos a seguinte mensagem:

> OMBUDSMAN,
>
> Quem escreveu a legenda da foto que ilustra "AUTOAJUDA PARA AS MENTES" não sabe a diferença entre CENSORES e SENSORES. *Tá ficando difícil de ler a Folha.* (C. 95)

Nessa, vemos que o erro vai corroendo a confiança do leitor. A ação durativa expressa na perífrase de gerúndio (*Tá ficando*) anuncia uma ruptura do leitor com o jornal.

Leiamos mais esta carta:

> A matéria está muito substanciosa e bem escrita, **mas** *latina-americana é demais para qualquer leitor*. Quando dois adjetivos pátrios vêm juntos, hifenizados, só o último será feminino no caso de o substantivo que os antecede ser feminino. Onde estão as pessoas que revisam as matérias nos jornais??? Não culpo os repórteres pelos erros, pois sei como deve ser o corre-corre de uma redação. Contudo, culpo os jornais por quererem enxugar em detrimento da QUALIDADE, isso sim prende o leitor. *Por isso que deixei de assinar jornais escritos*, a qualidade caiu muito pelo tal "enxugamento". A Folha é um bom exemplo disso, o que é uma pena, pois é um veículo de peso. (C. 41)

O erro de gramática, de morfologia (nesse caso, é até possível que seja uma falha na ortografia ou digitação da palavra), não é desculpável. O leitor não suporta esse tipo de erro, a afirmação "é demais para qualquer leitor" diz bem isso. Por meio dessa carta vemos que, realmente, há leitores que, por não tolerarem os erros, desistem da leitura dos jornais impressos. As notícias podem ser obtidas aqui e ali pela internet. Também para isso há os jornais falados das emissoras de TV. Parece que é essa a opção do leitor dessa carta, que declara ter desistido dos jornais escritos.

Em (C. 63), o leitor declara-se revoltado e, encenando um ato de desespero por causa dos erros de linguagem do jornal, pede, teatralmente, ajuda ao *ombudsman*:

> Bom dia, Marcelo.
>
> Tenho 44 anos, sou arquiteto e fotógrafo, e cresci com a nossa Folha. Mas há questão de uns 5 anos para cá venho reparando que algo anda errado. Aumentou o número de anúncios e a área que eles ocupam nas páginas, há muitas matérias e abordagens fúteis espalhadas por vários cadernos, e *aumentaram os erros de português* (mas continuo adorando essa Folha). *Parece que alguns jornalistas deixaram o que aprenderam na escola*, mas, o que é mais grave, a função de revisor deve ter sido extinta. *Poderia apontar muitos erros – muitos neologismos horrendos* (do tipo "superprático" (sic)), erros de concordância, mas este, de ontem (22 de junho de 2005), *me revoltou*. No caderno "Cotidiano", página C6, a repórter Simone Harnik, na matéria "Garotos são flagrados com cavalos na Paulista", *perdeu-se completamente e não pediu perdão.* OS CAVALOS ESTAVAM SEM CELA?
>
> *Marcelo! Por favor, me ajude! A Folha era uma amostra do que de melhor português podia ser encontrado em uso, e isto não é mais verdade!* Abraço! (C. 63 – grifo nosso)

Essa é uma mensagem do tipo "morde e assopra". Ao mesmo tempo em que o leitor vê erros "horrendos" e se "revolta" com eles, faz uma declaração de amor à *Folha*. Primeiro, como se viu, qualificou-se como um sujeito instruído, culto, competente (*sou arquiteto e fotógrafo*) e leitor antigo e íntimo do jornal (*cresci com a nossa Folha*) para autorizar a sua crítica. Depois, fez críticas exageradas e intolerantes aos problemas denunciados. Essa crítica, contudo, é marcada pelo eufemismo, porque, em vez de dizer diretamente que os jornalistas são analfabetos, disse "parece que os jornalistas deixaram de aprender na escola", mas o conteúdo é o mesmo. O jornal, segundo diz, "perdeu-se completamente e não pediu perdão" por causa do erro de ortografia (*cela* por *sela*), isto é, o jornal não tem rumo por causa dos erros de português. O fim da mensagem, então, é um apelo patético para dizer que o português da *Folha* é o pior que há em uso, o que diz afirmando o contrário (*A Folha era uma amostra do que de melhor português podia ser encontrado em uso*); depois, pela expressão suave "isso não é mais verdade", desdiz o elogio e diz a crítica. Aparentemente essa mensagem não parece intolerante, mas o é no fundo. Isso quer dizer que existem manifestações de intolerância que só se mostram no plano do conteúdo, porque no da expressão são até gentis. A dicotomia de base da crítica é, também, *conhecimento* vs. *desconhecimento*.

Também, os leitores declaram que os erros os *cansam*, como este:

> Por favor, *é cansativo* o uso que os jornalistas fazem de "por conta de", como se fosse uma locução conjuntiva causal. Já existe isto em nossa gramática?! Veja:
>
> "O ator Brad Pitt, 41, continua na mira dos holofotes. Depois de ser alvo da imprensa por conta do namoro com a colega Angelina Jolie, o astro volta às páginas dos jornais por conta do filme 'The Assassination of Jesse James by The Coward Robert Ford' (ainda sem tradução para o português). Segundo o site Ananova, ele vai aparecer completamente nu, em uma cena em que toma banho." (C. 34 – grifo nosso)

O cansaço do leitor, nesse caso, é causado por uma expressão que ele não reconhece como legítima na função em que aparece. Sua estratégia também é a indagação em tom de superioridade, o que se confirma nesse caso por dois motivos: primeiro, o leitor qualifica gramaticalmente a expressão, talvez para dizer "Olhem, eu sei do que estou falando"; depois, faz a pergunta enfaticamente (*Já existe isso em nossa gramática?!*), marcando-a graficamente com duas pontuações, a interrogativa, para indicar o tom ascendente da pergunta, e a exclamativa, para introduzir sua indignação e, consequentemente, a negação do uso da expressão em causa, na função em que aparece no texto. Além disso, esse exemplo revela que a atitude crítica do leitor é apoiada no conhecimento, maior ou menor, coerente ou incoerente, do que considera como norma tradicional.

Os comentários aparentemente indicam que, se a tradição da língua avaliza o uso, ele é bom e pode ser praticado, caso contrário, tem de ser banido. Nesse caso, o leitor nem considerou possível a frequência de uso da expressão nem se deu ao trabalho de verificar se os instrumentos linguísticos já a reconheciam. Se o tivesse feito, veria, por exemplo, que o Houaiss (2001) já a registra na acepção empregada pelo jornalista. Esse caso, em verdade, pode nos fazer pensar, quanto à "frequência de uso", que o leitor reconhece a expressão no uso, mas quer ver no texto escrito do jornal uma linguagem diferente dessa comum, cotidiana, sem prestígio para ir para o texto escrito "de um jornal do prestígio da Folha", como tão repetido nas mensagens. Talvez isso esteja por trás da pergunta "Já existe isso em nossa gramática?!", por entender o comentarista que uso e gramática sejam duas coisas diferentes e distantes.

O estudo minucioso das manifestações dos leitores mostra que suas opiniões são mais baseadas na *imagem* que têm dessa norma do que na norma propriamente dita, a de *uso* ou a *tradicional.*

Outros leitores acham que os erros são vergonhosos, lamentáveis e imperdoáveis, como se pode observar nos trechos a seguir transcritos:

> Na coluna de Daniel Castro de domingo último (20/11), sobre o programa Pânico e a liderança no ranking da baixaria na TV, o verbete espontâneo estava equivocadamente grafado

com "x", *o que considero vergonhoso* para um jornal do nível da Folha e um colunista como Daniel Castro. *Sugiro a correção imediata!* (C. 7 – grifo nosso)

Os erros de grafia, os mais facilmente perceptíveis, são quase sempre atacados de forma dura, e os leitores não os toleram, como se viu anteriormente em (C. 7) e (C. 99). Além da prática da língua, o domínio da metalinguagem, quando é explicitado, como em (C. 36) a seguir transcrita, não escapa da fiscalização do leitor. Nesse caso, o objeto da crítica é a redação de um relato que o jornalista, no dia 16 de setembro de 2005, faz de uma entrevista com o ex-prefeito Paulo Maluf, na Polícia Federal, sobre a sua detenção e a de seu filho, Flávio. Esclarece o jornalista que Maluf, para a pergunta sobre a detenção do filho, rasurou a primeira resposta, de sete linhas, reescreveu-a e, disse, "acrescentou muitos adjetivos, como humilhação". Sobre isso, bradou o leitor:

> Por favor refira-se [sic] à matéria "Ex-prefeito acusa Lula...", à página 14 da edição de hoje. *É lamentável* que um jornalista pense que a palavra "humilhação" é [sic] um adjetivo. (C. 36 – grifo nosso)

De forma igualmente apaixonada, os leitores das seguintes cartas reclamam de erros de ortografia e gramática:

> OMBUDSMAN,
>
> Estão querendo destruir a boa fama da FOLHA. *É lamentável* que na matéria "Remessas crescem e estimulam câmbio ilegal", assinada por Érica Fraga e Luciana Coelho, as autoras tenham trocado o verbo CASSAR pelo verbo CAÇAR na última linha da 5ª coluna. *Que barbaridade!* (C. 99 – grifo nosso)

> Na coluna de Clóvis Rossi, de hoje, sob o título "Roubar o sonho, não", há um *erro crasso de gramática*, ao dizer "As 5 bilhões de pessoas que vivem na pobreza...". *É estranhável* que, numa coluna de tamanha envergadura, passe despercebido *lapso tão grave*, que não sei quem lhe deu causa: o próprio

autor ou o revisor. De qualquer forma, *acho imperdoável. Aliás, tenho reparado que esse jornal comete muitos erros primários.* Especificamente sobre o erro em questão, não seria o caso de encaminhá-lo ao Cipulo [sic], para que esse renomado professor possa abordar o assunto em suas apreciadas páginas, mostrando a forma correta de escrever, vez que erros dessa natureza estão sendo cometidos frequentemente em outros meios de divulgação. Atenciosamente. (C. 104 – grifo nosso)

Nesse último texto, percebemos que o leitor apenas tem ideia da existência de um erro, embora não saiba explicá-lo, por isso recomenda que seja objeto de estudo de um professor de português. Não obstante, é incisivo: o erro é crasso e ele considera lamentável e imperdoável haver esse tipo de ocorrência no jornal. Poderia simplesmente, se quisesse contribuir para a solução do problema, informar ao jornalista que o numeral bilhão e seu plural são masculinos, logo, "os bilhões de pessoas". Mas isso é pouco, porque o leitor precisa extravasar seu sentimento de revolta contra o erro de linguagem. É o que basta para gerar a intolerância linguística.

Comentários como esses vistos aqui são classificados como intolerantes porque o leitor, além de manifestar-se de modo impolido e às vezes verbalmente agressivo e violento, age como se sua opinião veiculasse a verdadeira e única norma possível de ser praticada no texto jornalístico, desqualificando, pois, quem, segundo pensa, não domina as regras tradicionais válidas para a língua moderna, aquelas que acredita conhecer, mas que nem sempre conhece. Além disso, o comentarista não percebe que, como é patente, suas cartas não são escritas com o cuidado e o rigor de linguagem que recomenda aos outros. Além disso, não importa a qualidade do todo do jornal, se houver um aspecto passível de restrição, mesmo que seja mínimo e nem sempre procedente (como um erro ortográfico ou de digitação), o intolerante será veemente na crítica.

No conjunto de cartas, nestas analisadas e em outras que não foram aqui referidas, apareceu sinal de preconceito. Também nem todas as manifestações sobre a linguagem foram intolerantes. O balanço geral indica que, das 108 cartas, apenas em 15 os leitores apresentaram atitude intolerante diante dos problemas apontados. Nas demais houve manifestações de outros tipos de atitude linguística.

Não importou também aqui avaliar a pertinência ou não das críticas realizadas, embora alguns poucos comentários sobre o conteúdo tivessem de ser feitos para a interpretação da atitude do missivista. Não obstante isso, é possível dizer que em muitos casos os leitores têm razão quanto ao conteúdo do que denunciam, especialmente quando se trata de erros de ortografia e digitação. As críticas com relação à escolha lexical também têm boa margem de acerto; já as críticas a problemas gramaticais aparecem menos e nem sempre são pertinentes. Muitas vezes há denúncias intolerantes contra um uso que não está incorreto, ou que pode ser considerado correto.

As críticas constantes das cartas dos leitores configuram-se como fatos de atitude de *intolerância linguística* porque: em primeiro lugar, têm como objeto a própria linguagem e são, portanto, metalinguísticas; em segundo, porque se realizam por meio de uma linguagem considerada violenta e agressiva, fato que atinge o "outro", o autor do texto falado ou escrito. As críticas, além disso, estruturaram-se na base de uma oposição fundamental, a do *conhecimento* da tradição da língua (saber) vs. *desconhecimento* (não saber) dessa tradição.

As críticas estudadas ora tinham destinatário certo – o jornalista, autor do texto, cujo nome é ou não citado –, ora não tinham e, nesse caso, o alvo era a redação do jornal. No primeiro caso, observamos que a identificação do jornalista leva o autor a fazer críticas mais pesadas (Na coluna de Clóvis

Rossi... há um *erro crasso de gramática... É estranhável* que... *lapso tão grave*, que não sei quem lhe deu causa: o próprio autor ou o revisor. De qualquer forma, *acho imperdoável. Aliás, tenho reparado que esse jornal comete muitos erros primários*), e no segundo a crítica é mais aberta e geral (Por favor, *é cansativo* o uso que os jornalistas fazem de "por conta de"...).

Para resumir a questão, podemos dizer ao leitor que, com base no que foi estudado, percebemos que os comentários metalinguísticos têm algumas das seguintes características linguísticas:

- Adjetivação forte: "vergonhoso", "lamentável", "imperdoável", "ofensivo" etc.;
- Denominação depreciativa: "analfabetismo", "ignorância";
- Sarcasmo: "jornalistas devem saber escrever", "essa Fabíola Reipert abusa";
- Eufemismos: "perguntem a quem mais dotado aí de conhecimentos de português";
- Perguntas: "quem escreveu isso?", "Já existe isto em nossa gramática?!";
- Exclamações: "que barbaridade!".

A repercussão da intolerância linguística é difícil de ser avaliada a menos que o atingido tenha a oportunidade de responder à provocação, mas isso não foi possível saber. Nas cartas analisadas houve apenas uma sequência interacional, provocada por uma carta que o *ombudsman* encaminhou ao jornalista criticado, mas esse não configurou um fato de intolerância linguística. O resultado da atitude intolerante é, como pudemos ver afirmado em um dos relatos e insinuado em outros dois, a interrupção do contato do leitor com aquela linguagem que ele não suporta por julgar errada, ofensiva e vergonhosa.

Em seguida, passaremos a ver como a intolerância linguística se manifesta em reportagens de revistas.

Intolerância pelas reportagens

Wittgenstein, na tentativa de entender a lógica da linguagem, escreveu o *Tractatus logico philosophicus*, entre 1914 a 1918, apenas baseado, como ele próprio afirma no prefácio, em seu conhecimento e, em especial, nos pensamentos e obras de Frege e Bertand Russel, os únicos citados na breve introdução do livro. O filósofo tinha um objetivo claro e preciso que ele próprio enuncia ao dizer: "Todo o sentido do livro pode ser resumido nas seguintes palavras: o que é todo exprimível, é exprimível claramente; e aquilo de que não se pode falar, guarda-se em silêncio." (Wittgenstein, 1987, p. 27).

Essa citação esclarece o que autor pensa e faz pensar sobre a relação pensamento/linguagem: tudo o que o homem consegue elaborar intelectualmente pode ser enunciado em palavras, em linguagem verbal. Todavia, aquilo em que não se consegue pensar não se consegue falar.

É importante compreender a ideia desse filósofo para não usar suas palavras em vão (cf. Leite, 2003). Uma revista de circulação nacional, por exemplo, que traz como assunto de capa a matéria "Falar e escrever bem", tem como subtítulos:[8]

> O brasileiro tem dificuldade de se expressar corretamente. Mas está fazendo tudo para melhorar, porque precisa disso na profissão, nos negócios e na vida social.
> Um teste para avaliar o seu domínio do idioma.

A matéria é fechada com a citação de um dos pensamentos de Wittgenstein. O título da reportagem invocou Shakespeare num de seus pensamentos mais conhecidos, que resume o drama existencial do ser humano: *Ser ou não ser, eis a questão*. A matéria "Falar e escrever, eis a questão" dramatiza o problema da atualização da linguagem, nas suas duas modalidades, sugerindo que o brasileiro não sabe pensar, nem falar, nem escrever. É claro que a revista não assume explicitamente essa postura e usa de eufemismos, como o que se pode constatar no |*lead*|:

> O *lead*, ou *lide*, em português, é a parte introdutória de matéria jornalística, na qual se procura dar o fato, objetiva e sinteticamente, com o fim de responder às questões: o que, quem, quando, onde, como e por quê. Geralmente recebe tratamento gráfico diferenciado. (cf. Ferreira, 1999; Houaiss, 2001).

> Expressar-se com clareza e correção é uma das maiores dificuldades dos brasileiros. A boa notícia é que muitos estão conscientes disso e querem melhorar.

Talvez com isso a revista possa se defender, por exemplo, da imprecisão que ora aponta, afirmando que a matéria trata "somente" do problema da "clareza e da correção" da linguagem dos brasileiros.

No entanto, o fechamento da matéria revela a postura da revista, por meio de uma citação equivocada do pensamento de Wittgenstein. Ao resumir a polêmica travada entre o professor Pasquale Cipro Neto e uma corrente de linguistas que ele denomina "relativista", a revista conclui: "A julgar pela máxima de Wittgenstein – 'os limites da minha linguagem são também os limites do meu pensamento' –, os brasileiros que tentam melhorar seu português estão aprendendo a pensar melhor" (p. 112).

Em primeiro lugar, é preciso deixar claro que o filósofo austríaco não se preocupou com os problemas dos dialetos e registros – como a revista faz crer pela descontextualização do pensamento citado –, nem quis dizer que quem deixa de usar a norma culta não sabe pensar. Ele diz, sim, claramente em sua obra – e quem verdadeiramente a leu sabe disso – que tudo o que não foi ainda pensado e compreendido não poder ser expresso em linguagem. Depreende-se, portanto, da leitura da obra de Wittgenstein que pensamento e linguagem são inexoravelmente relacionados no nível da elaboração intelectual. Contudo, concluir do pensamento do filósofo que a imprecisão no emprego da norma culta revela uma dificuldade de elaboração do pensamento é um engano lamentável. O que se vê nessa reportagem é a recorrência a um argumento de autoridade pela citação do pensamento do referido filósofo, para criar um efeito de sentido de verdade e de credibilidade acerca do que foi dito sobre o problema da realização da língua nas suas modalidades falada ou escrita da norma culta do português brasileiro. Com isso, vê-se solidificada uma tendência: a do *preconceito* e da *intolerância* quanto a todas as realizações linguísticas que não estejam de acordo com a dita norma culta.

Não é preciso uma análise muito fina para mostrar que atitudes como a da revista, e também como a de alguns "guardiões da gramática tradicional" citados na reportagem, revelam-se intolerantes com a língua praticada pelos brasileiros. De pronto, percebe-se o absurdo da afirmação de que os brasileiros têm dificuldades na utilização, com clareza e correção, de sua própria língua: quem a realizaria sem dificuldades? Os portugueses? Os africanos que falam português? Além disso, pode-se perguntar: o que é realizar com *clareza, correção* e *sem dificuldades* a língua portuguesa?

Para responder a tal questão, é preciso esclarecer a que se referem os termos *clareza* e *correção* na reportagem. Percorrendo todo o texto, percebe-se a existência de duas atitudes diferentes em relação ao entendimento dessas questões: de um lado, a atitude de professores de português, que entendem a norma culta encerrada nas regras expostas nos manuais de gramática tradicional; de outro, alguns linguistas (denominados na revista "relativistas") que sabem, primeiro, o que é a norma culta, e entendem que ela é muito mais abrangente que a norma descrita nos manuais de gramática tradicional, e, segundo, que o objetivo do estudo da língua é a eficiência no uso como um todo, não apenas a aquisição (muitas vezes decorada, e não aprendida) de algumas regras da gramática. Assim como os linguistas, há outros profissionais que trabalham com a linguagem com o objetivo de levar os alunos a alcançar maior eficiência discursiva. Esses, ora estão mais envolvidos com a divulgação das regras da gramática tradicional, ora menos.

Os professores de português

Para esse primeiro grupo, a língua *é* a gramática tradicional, ou, em outras palavras, a *norma culta*, porque tudo o que está em desacordo com essa norma é errado, incorreto e problemático. Como se diz popularmente, tem-se "tolerância zero" com aqueles que burlam as leis da gramática tradicional, isto é, sejamos intolerantes com quem não "fala certo". Por isso, como diz a reportagem, empregos são perdidos, ou nem são conquistados, se as pessoas não "dominam a norma culta". Essas pessoas que não dominam a norma culta, em tese, são excluídas das "benesses" da sociedade ("o bom vem somente para quem fala bem"...). Para quem pensa assim, a língua portuguesa é uma entidade monolítica, uma instituição homogênea, o que quer dizer que ou há a realização da norma culta ou não se usa a língua portuguesa; ou se praticam as regras da gramática tradicional ou não há língua a ser considerada. Na reportagem em exame, há a confirmação dessa posição. Veja-se:

> Para uma parte da população, a que não teve acesso a uma boa escola e, mesmo assim, conseguiu galgar posições, o problema é sobretudo com a gramática. É esse o público

> que consome avidamente os fascículos e livros do professor Pasquale, em que *as regras básicas do idioma* são apresentadas de forma clara e bem-humorada. Para o segmento que teve a oportunidade estudar em bons colégios, a principal dificuldade é com a clareza. (grifo nosso)

As "regras básicas do idioma" (!) estão lá nos livrinhos que informam ou decretam o que se "deve ou não se deve" falar/escrever? Não, as regras básicas do idioma são aquelas pertinentes ao funcionamento global da língua, aquelas a que todos os falantes de uma língua histórica são expostos desde o nascimento e que são assimiladas naturalmente. O que se encontra em textos do tipo do anteriormente citado são algumas regras extraídas de *apenas uma* das modalidades da língua, a escrita, literária, que *serve de parâmetro* para realização de uma das normas linguísticas. São regras do uso literário considerado de prestígio em determinados (muitos) períodos da história da língua e que, por isso mesmo, só podem servir como elemento balizador para uma das realizações da língua. Ninguém realiza a língua falando ou escrevendo (mesmo em situações formalíssimas) exatamente de acordo com as regras tradicionais da língua, por isso elas só podem ser consideradas como parâmetro, jamais podem ser concebidas como a própria língua.

Como se sabe muito bem, é próprio da língua *mudar* de acordo com o movimento social, e não seria normal ficar cristalizada em uma de suas fases. Além do mais, sabe-se que a língua é uma instituição tão complexa e ampla que nenhuma descrição, tradicional ou científica, daria conta de apresentar todas as regras de seu funcionamento em termos de léxico, gramática e discurso.

Em resumo, a preocupação dos professores de português é, como fica evidente nos comentários feitos na reportagem, simplesmente *ensinar gramática*. A revista afirma:

> Ele [o professor Pasquale] ficou conhecido nacionalmente por ensinar os brasileiros a falar e escrever melhor. (p. 104)

> Ele [o professor Édison de Oliveira, "uma espécie de precursor gaúcho de Pasquale Cipro Neto"] se notabilizou com aulas de gramática no rádio e na televisão do Rio Grande do Sul. (p. 106)

Para confirmar isso, a revista traz a voz de Cipro Neto que diz:

> Como o aluno vai aprender a diferença entre sujeito e predicado se nem o professor entende direito? Infelizmente, não existem bons professores de português em número suficiente para atender à imensa demanda que o país tem. (pp. 111-2)

O que é incontestável e paradoxal é que há uma imensa quantidade de brasileiros que "não sabe português" e que, em tese, não teria acesso a bons empregos, mas que está em seu posto, devidamente empregada. Mais paradoxal ainda é verificar que essas pessoas, levadas pela ideia de que "não sabem português", alimentam a indústria editorial desses manuais que "ensinam os brasileiros a falar e escrever melhor".

> Eles são milhares, pois, como diz a reportagem, só o professor Pasquale tem 7 livros que já têm 350 mil cópias vendidas e um CD-ROM que já teve vendidas 50 mil cópias.

Os linguistas e outros profissionais

A revista em questão entrevistou também linguistas – cujas opiniões não foram devidamente exploradas – e outros profissionais que trabalham com a linguagem. O senso comum, contudo, guiou a exploração do material à disposição do repórter, que não soube separar o joio do trigo.[9]

Para Antônio Soares Abreu, livre-docente aposentado do Departamento de Linguística da Universidade de São Paulo, que trabalha com alunos-funcionários de empresas (com aqueles empregados que supostamente "não sabem português"), o estudo real da língua é fascinante. Para esse público, como declarado na reportagem, lançou o livro *A arte de argumentar: gerenciando razão e emoção*. O título do livro, sem dúvida, deixa claro que o tratamento que faz da língua não é gramatical. Nesse caso, percebe-se que o professor visa a levar seu aluno a ser proficiente no uso de sua língua para convencer ou persuadir seu interlocutor, e não simplesmente para "falar melhor", quando se entende por isso apenas a correção gramatical. O repórter, porém, não teve maior interesse nas ideias desse profissional, já que não lhe deu espaço para expor suas ideias.

Outro entrevistado foi o professor Luiz Antônio Marcuschi, da Universidade Federal de Pernambuco. Vê-se claramente que a reportagem não teve interesse, também, pela opinião desse linguista: o espaço a ele concedido foi ínfimo em relação ao concedido "aos gramáticos". O que se pode depreender da fala reproduzida do professor Marcuschi foi que a escola deve dedicar-se ao ensino dos diversos gêneros discursivos, nada mais. Não é difícil imaginar o quanto Luiz Antônio Marcuschi falou a esse respeito e o quanto o repórter cortou de sua fala. E sobre isso pode-se afirmar, e não somente imaginar, que as informações dadas pelo linguista foram menosprezadas, como se verá a seguir.

Sobre essa entrevista, Marcuschi afirmou ter conversado nada menos do que três horas com o repórter da revista! Essa informação nos foi fornecida pelo próprio Marcuschi, quando de um encontro sobre língua falada e escrita, em Maceió (AL), em 2002. O repórter, além de não ter aproveitado suas ideias (que não confirmavam o corolário da reportagem), empregou, como se desse linguista fosse, o verbo *adestrar* no seguinte contexto:

> Em vez de escrever redações sobre "Minhas férias" ou "Meu cachorro", o aluno deveria ser *adestrado* nos diferentes gêneros da escrita: a carta, o memorando, a ficção, a conferência e até o e-mail. (p. 110 – grifo nosso)

Sobre o emprego do verbo destacado, nesse contexto, Marcuschi narrou ter protestado veementemente com o repórter, pois esse não foi um termo que empregou. Marcuschi solicitou, conforme disse, que a revista publicasse uma errata para substituir o termo. O jornalista, porém, se recusou a fazê-lo e afirmou que aquela era uma "boa e aceitável palavra" para o contexto, já que os sentidos dados à palavra, pelo *Aurélio,* são todos positivos.

Observa-se também por esse episódio como essas pessoas (gramáticos e repórter) ignoram a dinamicidade da língua e acreditam piamente na língua em "estado de dicionário" e em "estado de gramática". Não é difícil verificar que, na memória discursiva dos brasileiros, ao menos o sentido primeiro relacionado à palavra *adestrar* é "treinar animais", "ensinar animais" a adquirir um comportamento novo. Para os humanos, embora o dicionário traga os sentidos "amestrar, ensinar, treinar, tornar destro", há uma rejeição natural ao seu emprego, a não ser que se queira imprimir um tom irônico ao texto.

A fim de provar ser essa uma palavra do repórter, pode-se voltar à página 106 da reportagem, onde se lê, no texto ora sob exame:

> É para satisfazer principalmente a essa demanda que um novo tipo de profissional surgiu: o professor de português especializado em *adestrar* funcionários de empresas. (grifo nosso)

Nesse caso, o repórter referia-se aos cursos de aperfeiçoamento e atualização de Abreu. Talvez, para pessoas como o jornalista e certos guardiões da gramática tradicional, que acreditam na homogeneidade da língua, seja mesmo possível crer que alunos possam ser "adestrados". Um linguista jamais aceitaria tal situação.

O ensino não pode se voltar só e exclusivamente para o estudo das regras tradicionais, aquelas apresentadas nos manuais de gramática. Como a própria revista sugere, há pessoas que, provavelmente, conhecem essas regras, mas não são eficientes no uso da língua. Esse é, por exemplo, o caso de alguns advogados e políticos que falam e escrevem de modo rebuscado ou empolado, o que não lhes confere eficiência comunicativa. Outros, no entanto, não têm consciência das regras que a tradição dita, mas usam a língua com muita proficiência.

Sobre esse assunto, a revista traz a opinião do professor aposentado Francisco Roberto Savioli, o prof. Platão, também da Universidade de São Paulo, da Escola de Comunicação e Artes, que explica:

> Num país com tantas carências educacionais, falar de maneira rebuscada é indicador de *status*, mesmo que o falante não esteja falando coisa com coisa.

Essa citação mostra que a preocupação do professor não reside somente no ensino de gramática. Mas esse trecho do discurso de Platão foi tudo o que o repórter "aproveitou" da entrevista (talvez longa) feita com o estudioso.

Outro profissional citado no texto da revista é o professor Reinaldo Polito, que se dedica à oratória, ou seja, ao uso eficiente da linguagem em situações específicas de comunicação (fala pública) e também às regras da gramática. Como se pôde ler no texto, o professor "deu nova orientação aos seus cursos", deixando de lado problemas de impostação de voz e de gestualidade para levar seus alunos ao alcance da eficiência linguística. Nesse caso, os comentários recaem sobre a argumentação, a coerência e encadeamento das ideias.

Infere-se, pelo contexto, que Polito conseguiu uma posição de destaque na reportagem, com direito à exposição de uma grande fotografia e um quadro-resumo de suas "proezas" comerciais (é campeão de venda de livros – 570 mil exemplares) não somente em razão de seu trabalho com a eficiência da linguagem, mas também em razão de suas referências e informações relativas ao "uso culto" da língua, recomendável nas situações de comunicações que explora. Nessa seara, o professor de oratória iguala-se ao professor de gramática.

Depois de Polito, a reportagem traz à tona o assunto da leitura: o brasileiro lê pouco em comparação com outros povos. Mas o grande tema que subjaz ao problema da pouca leitura é o domínio das regras da gramática tradicional:

> Não cultivar a leitura é um desastre para quem deseja expressar-se bem. Ela é condição essencial para *melhorar a linguagem oral e escrita. Quem lê interioriza as regras gramaticais básicas* e aprende a organizar o pensamento. (p. 109 – grifo nosso)

Sem dúvida nenhuma, quem lê amplia tanto seu universo linguístico quanto cultural. Uma leitura atenta levará o sujeito a buscar compreender novas expressões e o fará observar a materialidade da linguagem. É preciso dizer, todavia, que o simples ato de ler um texto qualquer pode não adicionar ganhos ao leitor se, de um lado, ele não procurar entender o que lhe for desconhecido e, de outro, se o texto estiver na medida de seu universo cultural e linguístico e, portanto, não lhe oferecer nenhum desafio. Esse é o caso dos textos que são escritos em um registro e nível de linguagem que quase *reproduzem* (e não recriam ou representam) situações de uso informal da língua, como as do diálogo familiar e da conversação espontânea entre familiares ou amigos. Isso quer dizer que é um exagero e uma generalização o que diz o texto da reportagem, ainda mais porque a leitura não deve ser um pretexto para o estudo e aprendizagem das regras gramaticais.

Infelizmente, a tônica da reportagem é a correção gramatical, não a eficiência da linguagem. A ideologia da exclusão e da intolerância advinda da moral está explícita no texto, em passagens como as seguintes:

- "[...] muitos estão conscientes disso e querem melhorar";
- "Pecados capitais da linguagem oral";
- "A maldição da falta de clareza".

Quem não domina as regras da gramática tradicional *peca*. E os pecados são, por exemplo, empregar certas expressões já consagradas pelo uso – culto, diga-se de passagem – da língua portuguesa do Brasil. Confiram-se, por exemplo, alguns dos casos arrolados por Reinaldo Polito, expostos no quadro "Pecados capitais da linguagem oral" da reportagem anteriormente citada, no qual há primeiro a exposição do exemplo do "erro" e, depois, a "explicação", ou seja, a correção. Pode-se imaginar que, à moda da moral religiosa, há os que pecam e os que são virtuosos. Os que pecam são os que devem ser excluídos do grupo dos que usam bem a língua, os virtuosos são os aceitos. Veja-se a situação representada no quadro abaixo, a partir dos exemplos dados na revista:

Pecado	Virtude
"Vou estar enviando o fax."	*"Vou enviar o fax."*
"Eu, enquanto diretor de marketing..."	*"Eu, como diretor de marketing..."*
"Não tive qualquer intenção de errar."	*"Não tive nenhuma intenção de errar."*
"Há dez anos atrás."	*"Há dez anos."*

Os exemplos deixam claro que a não aceitação dos usos mostrados na primeira coluna é inepta, já que a maioria dos brasileiros emprega essas expressões em todos os gêneros do discurso, falado e escrito, do português do Brasil. Considerá-los como "pecados", e seus usuários como ignorantes, ou que não sabem pensar com clareza, é simplesmente uma atitude de intolerância linguística.

Como se observa, esse vocabulário emprestado da moral é o usado para falar de língua. Assim, a reportagem traz os termos que encerram os julgamentos de valor: falar/escrever bem, falar/escrever melhor, falar/escrever mal etc. Ainda mais, os que não usam *bem* a língua são amaldiçoados. São malditos, são discriminados, são excluídos do grupo dos que "falam bem a língua", já que existe a *maldição da falta de clareza,* como diz a revista.

Na parte final do texto citado, o professor Pasquale tem mais uma vez a palavra, dessa vez para atacar os linguistas e também para tentar salvar-se. A intolerância com os linguistas, que declaram aceitar a linguagem do povo todo como uma linguagem perfeita aos propósitos a que ela se presta, é imensa, como se pode verificar no discurso da revista:

> Elas [as críticas ao professor Pasquale] ecoam o pensamento de uma certa corrente relativista, que acha que os gramáticos preocupados com as regras da norma culta prestam um desserviço à língua. De acordo com essa tendência, o certo e o errado em português são conceitos absolutos. Quem aponta incorreções na fala popular estaria, na verdade, solapando a inventividade e a autoestima das classes menos abastadas. Isso configuraria uma postura elitista. Trata-se de um raciocínio torto, baseado num esquerdismo de meia-pataca, que idealiza tudo o que é popular – inclusive a ignorância, como se ela fosse atributo, e não problema do "povo". O que esses acadêmicos preconizam é que os ignorantes continuem a sê-lo. Que percam a oportunidade de emprego e a consequente chance de subir na vida por falar errado. (p. 112)

Para confirmar essas ideias, a revista introduz o discurso do citado professor:

Ninguém defende que o sujeito comece a usar o português castiço para discutir futebol com os amigos no bar [e acrescenta o comentário], *irrita-se* Pasquale... [para dar outra vez a palavra final a ele]. Falar bem significa ser poliglota dentro de sua própria língua. Saber utilizar o registro apropriado em qualquer situação. É preciso dar a todos a chance de conhecer a norma culta, pois é ela que vai contar nas situações decisivas, como uma entrevista para um novo trabalho. (grifo nosso)

É verdade que o sujeito deve dominar diversas normas de sua própria língua e que todos devem ter acesso à norma culta. Nenhum linguista nega isso. O que os linguistas negam é a intolerância que alguns têm quanto ao uso de outras normas que não a culta. Nesse caso, vê-se bem no discurso da revista, esteado no do citado professor, que a cultura e, consequentemente, a língua do povo não são valorizadas.

A prática da linguagem, um comportamento social, é normalizada. Língua e norma são conceitos inseparáveis, portanto. Isso significa que todas as comunidades linguísticas têm sua linguagem normal, obrigatória, e que qualquer infração a ela é sancionada por seus membros, fato típico do comportamento humano. Reduzir tudo à norma culta, ainda identificando-a exclusivamente com as regras da gramática tradicional, é um despropósito. Além disso, a norma culta é, como todas as normas, dinâmica, mutável. Até mesmo autores de gramáticas tradicionais de grande credibilidade reconhecem essa mobilidade da norma e incorporam no bojo do texto de suas gramáticas alguns usos que, em outras épocas, eram considerados inapropriados ao domínio culto. O discurso dos puristas ortodoxos, daqueles defensores incondicionais de usos ultrapassados é, por isso, inadequado e, em muitos casos, parece quixotesco.

Os estudiosos da linguagem devem saber tratar e entender a linguagem e criar meios para levar sempre outras possibilidades de realização da língua àqueles grupos que por algum motivo, em geral por problemas de ordem econômica, encontram-se encerrados na sua própria norma. Todavia, o linguista jamais procede a restrições à fala primeira e natural das pessoas; ao contrário, ele está sempre alerta contra a intolerância relativa ao modo de expressão das pessoas. Logo, o verdadeiro estudioso da língua deve partir da premissa de que estudar/ensinar "a língua" é partir da *língua em uso,* nas suas duas modalidades, falada e escrita, e em todos os gêneros do discurso, para daí alcançar outras possibilidades de realização linguística que, de modo geral, não são dominadas pelos alunos.

Isso implica aceitar plenamente o estudo da real norma culta, aquela praticada oralmente ou por escrito pelas pessoas cultas, nos mais diversos gêneros discursivos: nas conversações, nas conferências, nos jornais, na literatura etc. Talvez essa seja a dificuldade de pessoas que só têm à sua disposição a metalinguagem da gramática tradicional para tratar dos problemas linguísticos. Estudar a língua em uso, em toda a sua complexidade, requer um repertório teórico que ultrapassa, e muito, aquele tradicional. Tratar a língua em uso implica saber interpretá-la sob diversos enfoques, dentre os quais o discursivo, o textual e o gramatical. Isso é muito diferente de entender que *a língua* se restringe a um punhado de regras da gramática tradicional e que elas são a norma culta! E é essa a batalha, contra a o preconceito e a intolerância linguísticos, que se tem de travar para que não se afirme por aí que "A dificuldade com a clareza é um traço cultural do Brasil" ou que Wittgenstein relacionou norma culta a limite de pensamento e linguagem.

Vejamos em seguida como, em reportagens publicadas em revistas, os jornalistas podem relacionar educação e realização linguística e, consciente ou inconscientemente, veicular ideias intolerantes sobre a prática linguística do outro.

Notas

[1] Dora Krammer, *O Estado de S. Paulo*.
[2] Olavo de Carvalho, *Folha de S.Paulo*.
[3] Gilberto de Melo Kujawski, *O Estado de S. Paulo*, 15 fev. 2005.
[4] *Veja*, 2004.
[5] Vinícius Freire, *Folha de S.Paulo*.
[6] Walcyr Carrasco.
[7] As cartas são apresentadas em sua redação original, isto é, sem revisão.
[8] *Veja*, 7 nov. 2001.
[9] J. G. Lima.

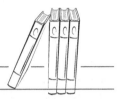

A educação afetada pela intolerância ou preconceito da linguagem

A propósito ainda da linguagem de Lula, a revista *Educação*, em março de 2003, publicou uma matéria cujos títulos eram "O português de Lula é um mau exemplo?", na capa da revista, e na parte interna, encabeçando a reportagem, um segundo título "Lula e a língua do povo", acompanhado do subtítulo "O português falado pelo presidente do Brasil levanta debate sobre a influência da oralidade no idioma culto e no ensino de gramática nas escolas". A matéria traz opiniões de linguistas, gramáticos, professores, educadores, diretores de recursos humanos e consultores de empresas.[1]

Os títulos, em si, são problemáticos. Primeiro, o da capa "O português de Lula é um mau exemplo?", de um lado, cria vários pressupostos como "Lula fala um português diferente do que se fala normalmente"; "Lula pratica um português diferente daquele das pessoas cultas"; "o português de Lula é errado". De outro lado, esses pressupostos atuam para confirmar o preconceito de que a linguagem do presidente é errada porque é diferente. Em segundo lugar, observa-se uma ambiguidade no título interno, "Lula e a língua do povo", porque o operador "e", inclusivo, sugere a existência de duas essências diferentes e que, portanto, a relação de Lula com a língua do povo pode ser externa, intencional, usada para alcançar efeitos de sentido previamente pensados. Sugere também que se faria uma comparação da linguagem de Lula com a linguagem do povo, quando, pelo que se pode perceber, o objetivo seria o de aparar essas diferenças. Diferentemente seria o título, mais honesto, "A linguagem de Lula", pelo qual se poderia dizer simplesmente que a norma praticada pelo presidente é equiparável à praticada pela maioria dos brasileiros, isto é, por aquelas pessoas, em geral, de baixo nível cultural e econômico que recebem o epíteto de "povo", "povão" (as pessoas das classes mais altas, privilegiadas, não fazem parte dessa massa – "o povo" –, fazem parte da "elite").

Norma culta, comum e popular e o problema da intolerância linguística

Ainda no título interno da reportagem antes citada, "Lula e a língua do povo", vê-se um preconceito sobre a língua oral pela sugestão de que ela é sempre realizada com base na norma popular, o que não é verdade. A realidade linguística mostra que, nos diversos gêneros discursivos, se realizam enunciados mais ou menos cultos, ou mais ou menos populares. Embora as normas sejam polares, há entre elas um *continuum,* e as emissões linguísticas posicionam-se, a depender do gênero do discurso, mais próximas, intermédias ou mais distantes em relação aos polos, como se pode ver representado no gráfico do *continuum das normas* a seguir:

Como as pessoas não vivem em grupos isolados, ou seja, hipoteticamente, o grupo dos usuários cultos da língua de um lado e o dos usuários não cultos de outro, há marcas linguístico-discursivas que se misturam nos dois registros. Há, contudo, marcas prototípicas de cada norma, como, para a norma culta, a observância regular da concordância (nominal e verbal), da regência (nominal e verbal), da conjugação verbal, do paralelismo sintático entre orações, da variedade de uso de conectores sintáticos, da variedade, propriedade e adequação vocabular, entre outras características.

Quanto à norma popular, algumas marcas são prototípicas e a caracterizam, como a economia de plural no substantivo em sintagmas nominais, a eliminação de fonemas em certos contextos fonológicos (ex.: eliminação do -r- em sílabas com pr- e tr-, como pra/pa e outro/outo; eliminação do -d dos gerúndios -ndo/-no, como em falando/falano), a redução do paradigma verbal de quatro estruturas usadas regularmente nos colóquios da norma culta (*eu vou, você vai, nós vamos* e *eles vão*) para duas (*eu vou, você/ nós/ eles vai*), dentre outras características.

Somente para deixar mais clara a situação dos paradigmas da conjugação verbal pelos usuários que se afastam da realização culta da língua, apresentamos a seguinte tabela ilustrativa:

1° paradigma	2° paradigma	3° paradigma
Eu vendo	Eu vendo	Eu vendo
Tu ⌉	Tu ⌉	Tu ⌉
Ele ⌐ vende	Ele ⌐	Ele ⌐
Você	Você ⌐ vende	Você ⌐ vende
A gente ⌋	Nós	Nós
	A gente ⌋	A gente
Nós ⌐ vendemos		Eles
A gente ⌋		Vocês ⌋
Eles ⌐ vendem	Eles ⌐ vendem	
Vocês ⌋	Vocês ⌋	

O que se observa, contudo, na produção linguística cotidiana é que em geral os enunciados trazem marcas de ambas as normas. Assim, tanto é possível, por exemplo, a um falante culto deixar de fazer uma concordância verbal ou nominal quanto a um falante que, por seu perfil sociolinguístico, não seja considerado usuário da norma culta fazer construções típicas dos falantes cultos. Essa situação mostra como é difícil ao analista classificar sociolinguisticamente os falantes, já que as posições intermediárias entre os dois polos, *culto* vs. *popular*, são numerosíssimas.

Também para concretizar um pouco mais a nossa afirmação, apresentamos a segunda tabela, confeccionada com base em Preti (1994), que traz resumidas algumas características linguísticas caracterizadoras das normas a que nos referimos. Para outras informações sobre variação linguística, dialetos, registros e norma linguística, conferir também Leite (2005a):

Norma culta	Norma comum	Norma popular
• indicação precisa das marcas de gênero, número e pessoa;	• indicação variável das marcas de gênero, número e pessoa;	• economia nas marcas de gênero, número e pessoa;
• uso de todas as pessoas verbais, com exceção, talvez, da 2ª do plural, relegada à linguagem dos sermões;	• uso de todas as pessoas verbais, com exceção da 2ª do plural, sendo que a concordância da 2ª pessoa do singular se faz com o verbo na 3ª do singular;	• redução das pessoas gramaticais do verbo;
• uso limitado da expressão *a gente*;	• uso intenso da expressão *a gente*, em lugar de *eu* e *nós*, com concordância na terceira do singular;	• uso intenso da expressão *a gente*, em lugar de *eu* e *nós*, com concordância variável na 3ª pessoa do singular ou na 1ª do plural;

• emprego de todos os tempos verbais;	• redução dos tempos da conjugação verbal e de certas pessoas, como, por exemplo, a redução do uso do futuro do presente e do pretérito, a perda do mais-que-perfeito, no indicativo, e a redução do uso do presente do subjuntivo e do infinitivo pessoal;	• redução dos tempos da conjugação verbal e de certas pessoas, com a perda do futuro do presente e do pretérito, do mais-que-perfeito no indicativo, do presente do subjuntivo e do infinitivo pessoal;
• emprego de todos os modos verbais;	• emprego parcial dos modos verbais;	• emprego predominante do modo indicativo;
• precisão no emprego de concordância verbal e nominal;	• variação no emprego de concordância verbal e nominal;	• ausência de concordância verbal e nominal;
• coordenação e subordinação;	• emprego de coordenação e subordinação, com predomínio de coordenação;	• redução do processo subordinativo em benefício da frase simples e da coordenação;
• riqueza de construção sintática;	• construção sintática variável, com pequena variedade de conectores;	• construção sintática limitada;

• maior utilização da voz passiva;	• alternância de uso entre as vozes ativa e passiva, com predominância da ativa;	• predominância da voz ativa;
• largo emprego de preposições nas regências;	• variado ou limitado emprego de preposições nas regências;	• predomínio das regências diretas nos verbos;
• organização gramatical cuidada da frase;	• simplificação gramatical da frase e emprego regular de marcadores da conversação e gírias (*legal*, *bacana*, *mano*, *tipo assim* etc.);	• simplificação gramatical da frase e largo emprego de marcadores conversacionais e expressões populares;
• prática de correlação verbal de tempos e modos;	• prática de correlação verbal parcial e limitada de tempos e modos;	• falta de prática de correlação verbal entre os tempos;
• maior cuidado na escolha lexical;	• emprego de léxico corrente;	• emprego de léxico com imprecisões e inadequações;
• emprego de pronomes oblíquos na função de objeto, com reduzido uso de pronome reto.	• alternância no emprego dos pronomes pessoais oblíquos e retos como objetos.	• emprego dos pronomes pessoais retos como objetos.

Voltando a tratar da fala do presidente Lula, fato que ensejou essa discussão, podemos observar pela audição ou transcrição de suas falas que sua linguagem não se posiciona em nenhum dos polos. O que se pode dizer é que se situa em um dos pontos intermediários entre o culto e o popular, embora, em certos momentos, tenda ora para uma, ora para outra ponta, e é essa situação incerta que leva à dificuldade de avaliação da norma que pratica. O que se pode dizer com certeza é que a fala do presidente não se caracteriza estritamente nem como culta, nem como popular, nem, equilibradamente, como comum.

Outros fatores, todavia, interferem na avaliação da prática linguística do presidente. Positivamente, fala-se em sua habilidade discursiva, afinal, não se pode negar que chegou ao ápice da carreira política falando, convencendo ou persuadindo as pessoas a acreditarem no que dizia, e diz, e nisso teve, e tem, sucesso, já que as pessoas acreditam nele. Negativamente, além da prática oscilante da norma culta/popular, o preconceito por sua origem de retirante nordestino sempre se mostra. Na matéria ora examinada, o autor, embora tente se convencer e a seus leitores sobre a "melhora" de Lula quanto à prática da norma culta, ao afirmar que

> Lula não repetiu mais coisas obscenas como as registradas em sua primeira candidatura à presidência, em 1989. Nunca mais se ouviu dele um só "menas" e raras vezes os antes frequentes "acho de que", "penso de que", "acredito de que". Nem se ouviu mais o desastroso "perca" [...],

não é convincente, porque sempre faz voltar à tona o lado que considera negativo de sua linguagem. Vale registrar a ponta de intolerância do jornalista quando classifica os erros do presidente como "coisas obscenas" e erro "desastroso", como se as falhas antes cometidas agredissem a ordem social.

No texto, depois dessas citações, o jornalista tece alguns elogios ao presidente, dizendo que sua aprendizagem foi ampla, não somente quanto à forma de expressão, mas também quanto ao domínio dos assuntos e do emprego de um "tom mais contido". Não faltou, porém, a restrição: "Não se sabe *se leu* muito *ou se* usou sua *aparentemente* excepcional capacidade de *aprender de ouvido*" (grifo nosso). O elogio não é completo, como se interpreta pela dúvida sobre se a aprendizagem foi sólida, pela leitura, ou mais frágil, pelo ouvido, e na modalização do elogio, pelo uso do advérbio "aparentemente", que, por isso, deixou de ser integral. Isso não é tudo; pelo que o repórter diz, Lula jamais será considerado um falante culto porque a marca de sua origem (pobre, analfabeto e nordestino) está impressa em sua voz. Assim o preconceito do jornalista se evidencia:

> Uma *coisa desagradável* em sua fala ele não perdeu: *o timbre rascante da voz agreste, apenas suavizado* pelo sorriso frequente e pela amabilidade que, pelo menos até as primeiras semanas do governo, parecem ter aumentado sua popularidade. (grifo nosso)

O preconceito caracteriza-se quando a exclusão ou não aceitação do outro dão-se pela rejeição de suas características sem motivo consistente. Nesse caso, pelo não gostar da voz que lembra a origem de seu dono. Os adjetivos que o repórter escolheu para descrever a voz de Lula não deixam dúvidas sobre o preconceito: o primeiro, "rascante", é mais descritivo e pode ser interpretado como uma constatação de que a voz tem "som áspero, que parece arranhar", mas o segundo, indubitavelmente, lembra a origem sertaneja do presidente, pois, em todas as acepções, remete sempre aos campos, a silvestre, a selvagem, ou, figurativamente, ao que contraria convenções citadinas; ao não cultivado, ao rústico ou, ainda, no que diz respeito ao trato social, à aspereza, ao rigor, à grosseria (cf. Houaiss, 2001).

Na capa da revista, o texto que funciona como um *lead* para a matéria dá mostra do sentimento que se passou a ter sobre a linguagem do presidente, o de tolerância, mas não de aceitação, leia-se: "A *anistia gramatical* conquistada pelo Presidente da República *ainda não se estende às salas de aula*, aos vestibulares e às empresas – *quem escreve ou fala com erros costuma não ter vez*". "Anistia" quer dizer perdão, então, fica o presidente "perdoado", mas suas faltas continuam a ser faltas. Também, se na escola não se permite trabalhar com essa norma, por considerá-la inadequada, continua a ser proibida nas situações em que, como sempre, se exige a norma chamada culta. A escola deve considerar a norma do aluno para fazê-lo alcançar outras, por isso ela não pode ser tabu no contexto escolar.

Vê-se a declaração de que o presidente pode errar porque ele é uma exceção, mas todos os outros que errarem serão excluídos dos círculos sociais mais elevados, dos melhores empregos e da participação de situações mais prestigiosas. Provavelmente esse texto tenha resultado da avaliação das opiniões emitidas, assim como do texto do próprio repórter.

As opiniões sobre o *Lula presidente*, diferentemente daquelas emitidas sobre o *Lula candidato*, eram já um pouco diferentes entre si, embora o texto do repórter e as opiniões dissimulem muito mal o que realmente essas pessoas pensam sobre a linguagem do presidente, pois quase todos, mesmo querendo elogiar, deixam escapar preconceitos.

O autor, por exemplo, provavelmente com boas intenções, no sentido de tolerar os "escorregões" gramaticais de Lula, não conseguiu esconder o que pensa de sua linguagem. Ao falar, por exemplo, dos debates, declarou que todos os candidatos cometeram deslizes, mas, ainda assim, pareceu dizer que a linguagem de Lula ainda era a que mais deixava a desejar. Veja-se o que disse o jornalista:

> Na última campanha eleitoral [2002], parece que nenhum candidato criticou outro pela indigência formal do discurso ou por supostos erros gramaticais, embora tivesse havido abundantes escorregões nas falas de improviso de todos eles. Escorregões em relação à língua culta, claro. Nas gravações dos programas havia equipes filtrando bobagens agudas. Mas nos debates brotaram "enganos" frequentes. Não houve quem não escorregasse de vez em quando.
>
> A maioria dos olhares e ouvidos, no entanto, estava voltada para Lula. *Ele até que se saiu bem, embora* devorasse o "s" de um ou outro plural ou escorregasse na concordância de algum verbo que aparecia antes do sujeito. Ou pluralizasse verbos indevidamente (*"Haviam* problemas sérios."). (grifo nosso)

A argumentação que o repórter montou para defender o presidente foi formulada sobre concessões, não sobre afirmações e aceitações como o *lead* da matéria sinaliza pelo emprego do termo "anistia". O "até que se saiu bem" diz nas entrelinhas que ele não se saiu como deveria um candidato ao mais alto posto do país, e, pior, a subordinada concessiva encadeada pelo "embora", que traz exemplos dos "erros" cometidos pelo presidente, apresenta não apenas problemas mais corriqueiros de desvio da norma culta, mas aqueles que são as marcas mais fortes da linguagem popular, típica dos usuários não escolarizados (ausência da marca de plural nos sintagmas nominais e falta de concordância verbal).

Na reportagem, Machado encartou um pequeno ensaio de outro jornalista, Gilberto Dimenstein, que fala do problema sob o título "Falar mal, o caminho da exclusão". O texto de Dimenstein existe no contexto para dizer explicitamente o que está implícito em toda a reportagem, como vimos, comprovando que o domínio da norma culta é exigido para todos que almejam ascensão social e que o caso de Lula é especial. Pelo que se pode deduzir, essa opinião poderia ser dada dessa forma por esse jornalista porque ele já tem uma "couraça" contra a pecha de preconceituoso adquirida pelas inúmeras opiniões dadas contra o tema do preconceito. Dimenstein, inclusive, comenta que não se critica tanto a linguagem de Lula porque isso se tornou aparentemente inaceitável. Leiamos o ensaio:

Falar mal, o caminho da exclusão

Aceitar os erros de português, valorizando os usos e costumes orais, é justificável academicamente – e, no caso brasileiro, tornou-se uma questão da esfera do politicamente correto desde que Luiz Inácio Lula da Silva virou presidente da República, sem deixar de tropeçar em concordâncias gramaticais.

Pega mal – muito mal, aliás – abordar criticamente os deslizes primários de Lula na norma culta. Rebatem-se as críticas com considerações sobre o preconceito, falta de respeito com o "povo", insensibilidade social. O problema é que, para o cidadão comum, não existe anistia gramatical; o mercado profissional e o ambiente educacional não perdoam. [...]

Nesse texto, o jornalista resume o que afirmamos até aqui: a crítica à linguagem pode revelar preconceito ou intolerância com o sujeito falante. No texto de Gilberto Dimenstein há algumas imprecisões, dentre elas a associação da oralidade a erros gramaticais e a manifestação do preconceito contra os "acadêmicos", que no âmbito do estudo da língua são os linguistas, aqueles que, supostamente, "aceitam tudo" em relação à prática da língua.

Como já dissemos, oralidade não é sinônimo de prática de incorreções linguísticas nem de completa distensão em relação aos níveis de formalidade ou informalidade linguísticas. Há muitas situações de oralidade que exigem do sujeito falante a atualização de registro culto e nível de linguagem formal, o que eleva o enunciado praticado em tais situações ao mesmo nível de muitos textos escritos se o critério é a manutenção das regras gramaticais de concordância, regência e do uso de palavras menos comuns. Sobre os linguistas, já ficou claro que a compreensão da enunciação, isto é, do conjunto das características que condicionam a produção linguística, é o fio condutor de seu trabalho e que, por isso, não há a preocupação da classificação dos enunciados em "certos" e "errados", e, muito menos, a preocupação com a condenação daqueles que não conseguem praticar a norma culta.

Só para acentuar como a "caça às bruxas" é um problema mais de outra ordem que propriamente linguístico quanto à pratica ou não da norma culta, lembramos que, como lemos no texto imediatamente anterior ao de Dimenstein, muitos políticos também cometem erros, às vezes os mesmos que Lula atualmente comete, mas nenhum deles sofre o mesmo tipo de crítica que este sofre porque não tem a mesma história. No imaginário da "elite" (social? econômica? culta?) dos brasileiros, o presidente Lula jamais "falará certo", isto é, jamais perderá a sua marca de nordestino retirante e semianalfabeto. Essa é uma avaliação preconceituosa sobre o julgamento da linguagem do presidente.

O problema posto pela revista *Educação* na matéria que ora analisamos é o seguinte: *em que medida a fala "errada" de Lula afetaria o ensino?* Diríamos logo que a linguagem do presidente não pode ser analisada apenas do ponto de vista gramatical, porque isso reduziria muito o alcance da análise. Tem-se de considerar não somente a língua que ele pratica, mas também o seu *discurso*. Isso obrigaria o analista a considerar a enunciação em que ele se encaixa, desde as características pessoais do sujeito que fala, da situação em que se encontra e do momento da proferição do enunciado. É esse enunciado, isto é, o texto falado ou escrito que resulta de todos esses fatores, que se deve analisar.

> Pode-se dizer que a *enunciação* corresponde a todo o *processo* que abriga o discurso, o que inclui o falante, o ouvinte, a situação, o tempo e o espaço em que o texto, falado ou escrito, é produzido, além do conhecimento que os interlocutores detêm sobre o assunto e o conhecimento que têm um do outro.

> O *enunciado* é *resultado* da enunciação, é o texto, falado ou escrito, materializado no momento em que o sujeito se apropria da língua e fala/escreve.

Pode não parecer que isso faça diferença, mas é de importância fundamental para a compreensão do problema da linguagem, porque *é o conjunto do discurso que faz sentido, não apenas a materialidade linguística.* Como já verificamos ao longo de todo o tempo em que Lula exerce o cargo de presidente, seu discurso não encontrou imitadores. As metáforas (mais catacreses) banais que usa, o estilo de suas falas pela escolha de palavras regionais, em certos casos, a intempestividade verbal e a falta de adequação de alguns discursos ou intervenções às circunstâncias em que se encontra o orador são mais criticados que imitados. De um lado, o problema da oscilação normativa entre o culto, o comum e o popular desaparece diante desses outros, embora seja o problema de maior visibilidade. Por outro lado, esse conjunto de características discursivas e linguísticas agrada mais que desagrada à população em geral, tanto que é isso que confere ao presidente o carisma de que desfruta. Se alguns intelectuais criticam seus modos, a maioria dos brasileiros o aprecia bastante e sua linguagem não é fator de desagrado.

No artigo "Por que Lula continua competitivo?", vemos o reconhecimento de que um dos problemas mais criticados no presidente, as falhas gramaticais, não obsta o sucesso de seu discurso:[2]

> Lula está blindado pela sua história: o trabalhador humilde com cara do povo que chegou à Presidência da República. É carismático e comunica-se com grande facilidade, apesar de tropeçar na gramática aqui e ali. (*Folha de S.Paulo*, 1º maio 2006)

Também na revista *Veja*, os jornalistas haviam analisado os discursos do presidente e concluído que realmente ele é talentoso na prática discursiva,[3] como podemos ler no extrato apresentado a seguir:

> Desde que assumiu o Palácio do Planalto, Lula fez mais de 100 discursos. Ele aproveita qualquer solenidade para mandar seu recado e, com irrefreável pendor para o improviso, não raro seus discursos extrapolam o tema do momento e acabam por contemplar assuntos de interesse mais amplo, ganhando as manchetes do dia seguinte. Nos últimos tempos, Lula falou a negros, empresários, sem-terra, deficientes mentais, sindicalistas, doceiras, vereadores, juristas. Lula fala tanto, o tempo todo, que até dispensa cadeias nacionais de rádio e televisão. Até agora, convocou apenas uma. [...] Lula fala tanto porque, em política, a palavra é poder.
>
> Encarregado de escrever os discursos oficiais do presidente, Luiz Dulci, secretário-geral da Presidência da República, ex-professor de português com conhecimentos de grego e latim, só está por trás de uma parte daquilo que aparece nas declarações de Lula. A parte mais polêmica geralmente não sai da tela de seu computador. É criação pessoal de Lula, no improviso. Político carismático, *Lula envolve emocionalmente os ouvintes com sua espontaneidade e é convincente em mensagens de otimismo porque ele mesmo é um produto da autoestima e da vontade de vencer.* Isso tudo é muito positivo para o exercício da Presidência, *mas há um risco que já começa a ser notado no desempenho verbal de Luiz Inácio.* Numa solenidade à beira do túmulo do sindicalista Chico Mendes e, depois, numa

videoconferência no Banco Mundial, Lula deixou de falar sobre o papel dos brasileiros na construção do Brasil e aventurou-se a discorrer sobre a missão do homem na Terra. Numa cerimônia na Confederação Nacional da Indústria, Lula desprezou o Congresso e o Judiciário e disse que só Deus será capaz de impedir que o Brasil ocupe seu lugar de destaque no mundo. Na abertura de uma feira gaúcha, afirmou que assumiu um país quebrado e se proclamou o salvador nacional. "Quando fala, Lula se coloca entre a vontade divina e a vontade popular", diz Roberto Romano, professor de ética e filosofia política da Universidade Estadual de Campinas. "Ao dizer que alguém terá de salvar o país e esse alguém é ele, Lula se apresenta como Moisés. É um discurso antigo, sem lugar no Estado moderno e democrático."

[...]

Com seus improvisos, metáforas e parábolas, seus laivos de messianismo e até de paternalismo, visíveis quando se dirige às plateias como quem fala aos filhos, Lula faz um jogo político cujo pano de fundo é complexo.

[...]

Um dos temas prediletos nos discursos de Lula é o poder de cada pessoa e da nação inteira de formatar seu destino individual ou coletivo. Também aplica metáforas esportivas e fala na importância da família, elementos que já estavam presentes em seus discursos como líder sindical dos anos 70. Sob esse aspecto, Lula não inventou um personagem para ser presidente. O presidente é ele mesmo, o cidadão Luiz Inácio, com sua espantosa biografia de sucesso. Com ajuda dessa biografia, de seu carisma e seu linguajar acessível, Lula tem uma sintonia fina com a maioria dos brasileiros, que o identificam como um igual. Ele é um dos raros políticos que falam a linguagem do povo da primeira à última linha. (*Veja*, 09 jul. 2003)

Não se veem laivos de preconceito nessas duas últimas análises. Os repórteres disseram o que é, na realidade, o discurso do presidente e porque desagrada à intelectualidade. A situação é complexa e pouca gente consegue ter clareza sobre ela por se deixar levar pelos preconceitos, como já comentamos.

Essa situação de ambiguidade impede que "o estilo Lula" seja um modelo a ser seguido. Por isso, a escola, no que diz respeito ao *ensino da língua portuguesa*, não é afetada por essa produção linguística e continua fazendo o que sempre fez, sem até hoje ter alcançado um padrão de eficiência.

Pode-se, contudo, perguntar: *que é que a escola tem de fazer em relação ao ensino da língua materna*? Não há fórmulas, mas é certo que posições radicais são ineficazes. Como a maioria da população brasileira não aprende em casa a norma culta e vai à escola obviamente falando seus dialetos de origem popular, é dever da instituição de ensino respeitar essa linguagem e fazer o aluno tomar, aos poucos, consciência de outras possibilidades linguísticas, *sem o preconceito de que o aluno de classe social baixa não vai aprender e sem, intolerantemente, construir discursos nesse sentido.*

Caça às bruxas

Diante de tudo o que já mostramos, não é difícil aceitar a proposição de que, em geral, as pessoas são, além de preconceituosas e intolerantes, tiranas em relação à linguagem. Aqueles que dominam ou que têm apenas algum conhecimento sobre a norma culta não perdoam o que consideram "erros de português" dos outros e, contra esses, a reação é apaixonada. Na imprensa, as denominações para os usos discordantes daqueles da norma culta são considerados "pecados", "pragas", "vícios", "assaltos à gramática" e outros, como vimos e veremos a seguir.

Em uma resenha sobre a publicação da *Gramática do português culto falado no Brasil*, vemos alguns exemplos de como a sociedade, em geral, faz questão de encontrar o parâmetro do "certo" e do "errado" na língua. A matéria tem o título "Todo mundo fala assim" e o seguinte subtítulo "Vem aí uma gramática anistiando os principais desvios da linguagem oral. Mas atenção: o português continua a merecer respeito".

Desde as primeiras linhas, no subtítulo, o repórter deixou claro que ele não sabia do que estava dizendo. O primeiro parágrafo do texto é também desconcertante, tendo em vista o objeto que o autor se prestou a apresentar. Vejamos:

> Deu dez horas ou deram dez horas? Hoje é quinze ou hoje são quinze? Assisti o filme ou assisti ao filme?
>
> A vida é cheia dessas dúvidas, principalmente quando se quer caprichar. Quem se angustia diante dessas questões vai ter uma surpresa e um alívio: vem aí um *habeas corpus* para uma infinidade de pecados gramaticais, principalmente da língua falada. Será lançada no segundo semestre a *Gramática do português culto falado no Brasil*, dando um carimbo acadêmico ao verdadeiro português utilizado pelos brasileiros.[4]

A vontade do jornalista de relacionar a obra que estava divulgando com norma prescritiva – com a língua que se *deve* usar ou com a língua que todos *temos* de usar se quisermos ser considerados competentes linguisticamente – é tamanha que o artigo que escreveu é cheio de disparates, como os apresentados desde o subtítulo e o primeiro parágrafo, e de informações equivocadas a respeito da obra e de seus objetivos.

Em primeiro lugar, a *Gramática* divulgada não se configura como um "manual", como uma gramática de consulta de usos, tal como se conhece vulgarmente a gramática tradicional. A que, então, o autor divulgava em 2001 era, em verdade, a primeira de uma série de volumes (publicados até 2006) em que há estudos linguísticos, científicos, sobre a língua falada em algumas capitais brasileiras.

Em segundo lugar, o jornalista não foi atencioso em relação ao que ouviu dos pesquisadores entrevistados, pois os discursos citados não combinam com o esquema do texto, com seu conteúdo de base e sua ideologia. Claramente, o texto do jornalista pende para o problema normativo, e não para o descritivo, como são as gramáticas científicas, a exemplo da divulgada na revista.

A esse propósito, Maria Helena de Moura Neves, professora pesquisadora da Universidade Estadual Paulista (Unesp) de Araraquara, integrante do projeto de pesquisa da *Gramática do português falado* e autora de um dos textos do volume em questão, disse, e o repórter registrou, que "a virtude dessas iniciativas [de estudar a língua falada] é admitir que a língua vive em transformação, ao contrário do que se vê na maioria das gramáticas tradicionais", para concluir: "ninguém tem autoridade para dizer o que é certo ou não em um idioma", ou seja, o "bom uso" não era o problema de que se ocuparam.

Também Ataliba de Castilho, o coordenador do projeto, afirmou "dá para dizer: é assim que se fala em tal lugar". Isso quer dizer que o texto comprova como as pessoas falam, e não como *devem falar*, o entrevistado não recomendou usos. O jornalista, contudo, distorceu uma das frases de Ataliba, quando o professor deve ter dito "O objetivo era descobrir como se fala *correntemente* no Brasil", o que o jornalista transcreveu da seguinte forma: "O objetivo era descobrir como se fala *corretamente* no Brasil". Assim, a direção da matéria ficou completamente atravessada porque o objetivo da obra não é, em hipótese alguma, normativo. Não bastasse o apego à norma prescritiva, os textos que ilustram a matéria são preconceituosos, pois se referem, por exemplo, a "pecado", "samba do pronome doido" e outras expressões recessivas. As ilustrações apresentadas e as legendas que acompanham a matéria exemplificam e confirmam o que falamos:

Este é um caso de samba do pronome doido. A frase mistura a terceira pessoa do singular com a segunda.

O verbo *reter* deve ser conjugado como o verbo *ter*. Logo, o correto é *retiver*.

(*Veja*, 25 jul. 2001)

Coerentemente com o eixo escolhido para expor o assunto, o jornalista conclui seu pensamento e, depois, faz a advertência:

> A partir do ano que vem, no entanto, as escolas poderão decidir [entre o uso da gramática tradicional ou da gramática do português falado] se seguem ou não esse conselho [conselho de outro entrevistado, que afirmou ser a gramática tradicional mais adequada ao ensino]. A primeira edição da nova gramática é apenas para professores e estudiosos, mas dentro de alguns meses sai um subproduto, voltado para estudantes, bem nos moldes dos guias práticos utilizados atualmente para o ensino do português. Só é preciso avisar aos mais afoitos que o insuportável uso que se vem fazendo do gerúndio (amanhã *estarei fazendo* ou ele vai *estar falando,* por exemplo) continua a ser um crime inafiançável contra o idioma.

O emprego da expressão "crime inafiançável", mesmo sendo essa expressão uma alegoria, revela a "falta de paciência" ou intolerância que o jornalista tem com certos usos linguísticos e, consequentemente, como é lógico, com o usuário que o realiza. Além disso, nunca foi objetivo do projeto da *Gramática do português falado* divulgar um "subproduto" para estudantes, com fins normativos. Diante disso, vemos como é difícil para certas pessoas saírem do senso comum e pensarem a língua fora do eixo da tradição, do "certo" e do "errado".

Ainda para mostrar como o uso da linguagem discordante do cânone causa reações fortes na sociedade, vejamos mais uma manifestação de preconceito na imprensa. Dessa vez, trata-se de uma reportagem que circulou na revista da papelaria Kalunga, em outubro de 2003, na seção "Cultura", com o título "Pragas urbanas". O título é sugestivo, e a ilustração não deixa dúvidas quando à náusea que alguns usos causam nos usuários. Dentre as "praguinhas" representadas nas imagens, selecionamos a seguinte para mostrar a situação sobre a qual falamos. Na caixa de texto, ao lado da imagem, reproduzimos o texto motivador da reportagem:

"Em virtude" do grande número de ocorrências nesta matéria, vocês "vão estar lendo" "ou adentrando" as questões "a nível de gerundismo", modismos e outros "ismos" comuns no linguajar cotidiano brasileiro.

(Texto de Margarete Azevedo)

Nessa reportagem, mais uma vez, a crítica mais ácida contra as formas correntes ou populares fica por conta do repórter, porque os entrevistados, um professor de português de cursinho e um professor de linguística, dão opiniões coerentes e aceitáveis sobre o tema: a língua tem modalidades – oral e escrita – e se manifesta de modo diferente em cada uma; o nível de linguagem informal – coloquial, familiar – aceita certos usos que a escrita formal rejeita; o usuário tem de dominar diversas normas etc. Com esse texto, como se pode inferir, os jornalistas, no papel de caçadores, queriam eliminar as pragas, os erros de português, e punir os usuários, seus "hospedeiros". Para um estudo científico do uso do gerúndio, conferir Schmitz (2007), em que o autor faz uma retrospectiva sobre o gerúndio em português e completa o estudo com uma análise precisa do "gerundismo".

Para encerrar esta seção, apresentamos mais uma crônica, desta vez com a representação de um personagem no papel de um *Dom Quixote das letras*, como veremos a seguir:

Guerrilha urbana
O paladino da gramática ataca de madrugada
Ivan Angelo

Algumas atividades entortam as pessoas. Umas entortam o corpo, como as pernas arqueadas de caubóis, a corcunda dos alfaiates, os braços desiguais dos tenistas, os ombros dos nadadores, a lordose das bailarinas de tcham-music. Outras atividades – como a de polícia, agente financeiro, jornalista – entortam a cabeça. Meu amigo era jornalista.

Era. Meio que pirou. Isso já é o meio da história, vamos ao começo. Era copidesque, do tempo em que copidesque era um poder nas redações: reescrevia, corrigia e titulava as matérias. Não tinha nenhum talento especial, a não ser a intimidade com a gramática. Nem era jornalista formado, havia parado no meio do curso de direito, fascinado pela oportunidade de trabalhar na "cozinha da redação". Refogava concordâncias, descascava solecismos.

Chama-se Antônio. Por ser baixo, virou Toninho. E pela devoção à gramática, Toninho Vernáculo ficou sendo. Seu talento especial lhe valeu uma promoção, de copidesque para chefe da revisão. Passou anos e anos corrigindo originais. Novas tecnologias invadiram as redações no final da década de 80. Com os computadores, acabou-se a revisão. Ao leitor, as batatas.

Toninho Vernáculo foi deixado num canto, espécie de dicionário vivo. Recorriam a ele quando tinham preguiça de consultar o manual. Irritava-se. Então, meio que pirou. Achava que alguns tinham questões pessoais com a língua portuguesa, arranca-rabos com a sintaxe. Um não suportava a crase. Aquele tinha escaramuças com o infinitivo pessoal. Outro abominava a regência. Toninho não aguentou, aposentou-se.

Novos desafetos da língua passaram a provocá-lo pela televisão, em casa. O ator Antônio Fagundes vinha andando para a câmara e atacava de pleonasmo: "Havia muitos anos atrás investi no boi gordo". A repórter da feira dizia "o" alface encareceu. Lula confiava "de que" o partido sairia fortalecido. O jingle publicitário apelava: "Vem pra Caixa você também!" Vem tu!

– É venha! Venha você! Vem tu!

Uma ótica anunciava: faça "seu" óculos... Meu amigo largou a tevê, pegou o jornal: vendas "à" prazo. Sentia-se acuado, pessoalmente agredido. Um dia, lendo Monteiro Lobato, topou com o conto *O colocador de pronomes*, em que um homem sai pela cidade corrigindo pronomes mal colocados. Iluminou-se. Era um recado.

Hoje, Toninho Vernáculo é um dos dois ou três santos da ortografia que andam por São Paulo corrigindo o português nas

placas de padarias, nos restaurantes populares, nos anúncios classificados dos jornais. Telefona para os anunciantes:
– Olhe, venda a prazo não tem crase. Não se usa antes de palavra masculina.

Telefona para regionais da prefeitura exigindo a retirada do acento agudo das placas de ruas e praças: Traipu, Itapicuru, Pacaembu, Barra do Tibagi, Turiassu ("é com 'c' cedilha", implora)... Centenas de casos. Há dias, encontrei-o comprando tinta e escada. Anunciantes de cerveja não quiseram mudar um outdoor, tinham rido dele. É uma locução, disseram, como "falar grosso". Protestou: chuva cai fininha, sol nasce quadrado, lua nasce quadrada. Ia partir para a guerrilha, atacar de madrugada:
– Uísque é que desce redondo. Cerveja desce redonda!

Como vimos, Toninho Vernáculo não é tão ficcional assim, muitos jornalistas o encarnam. Não é por acaso que os "caça-pragas" nunca param de atuar, como vemos na seguinte nota da *Veja São Paulo*, de 19 de janeiro de 2005:

Afinal, qual é a grafia correta?

Apenas uma placa desta rua, em Perdizes, está com a grafia correta. Apinajés é o nome de uma tribo e, como todas as palavras indígenas, foi aportuguesada com "j".

Na maioria das placas, lê-se Turiassú. "É um erro duplo", afirma o professor Pasquale Cipro Neto. "O correto é Turiaçu, com cedilha, por vir do tupi, e sem acento." A letra u no fim de uma palavra só leva acento quando forma hiato – sequência de vogais em duas sílabas diferentes –, caso de Grajaú.

No último poste da Rua Venâncio Aires, aparece uma placa sem o devido acento circunflexo. Pode-se ligar para a prefeitura (☎ 156) e pedir que sejam corrigidos estes e outros atentados à língua portuguesa.

Até as falas das personagens das novelas, que em tese deveriam representar a língua como ela é efetivamente praticada para construir o simulacro da realidade, são corrigidas. Alguns diretores de novela, como Manoel Carlos, da Rede Globo, recorrem a professores de português que possam ajudar a caçar (e cassar) os vícios de linguagem das personagens. Isso é o que nos conta o jornalista da notícia "Mulheres revisadas – Globo contrata professora para evitar erros em novela", em revista de circulação nacional:[5]

> Até há cerca de um mês, não era impossível flagrar o elenco da novela *Mulheres apaixonadas* cometendo deslizes com a língua pátria. O português dos atores tornou-se impecável, porém, desde que a Rede Globo resolveu contratar uma professora, Rosângela Rodrigues, para detectar tropeços antes da exibição dos capítulos. Identificado o erro, o ator é chamado de volta ao estúdio para dublar a fala. A medida foi solicitada pelo autor do folhetim, Manoel Carlos, e tem sua razão de ser. Nem bem começou a trabalhar, Rosângela já evitou que fossem ao ar pérolas como "sua intenção é boa, mas pode ser má-interpretada" (o correto é "mal interpretada") e "se você se manter nessa postura" (o certo é "mantiver"). Essa não é a primeira vez que Manoel Carlos recorre à ajuda especializada para evitar atentados ao idioma. Nas novelas *Por amor* e *Laços de família*, ele já havia lançado mão do expediente. Como suas tramas são ambientadas na atualidade, as falas têm de ser coloquiais – o que aumenta o risco de deslizes. Em *Mulheres apaixonadas* a preocupação é ainda maior, uma vez que boa parte da trama gira em torno de uma escola. Rosângela presta atenção redobrada nas cenas em sala de aula.

As empresas também, como ficou entrevisto em reportagens anteriormente citadas, não dão trégua ao que denominam cacoetes, pragas e vícios de linguagem. É exatamente esse comportamento que alimenta o mercado livreiro e os autores que vivem "à custa" da norma culta e que, em razão disso, não se interessam por outro ponto de vista que não o de as pessoas não saberem falar o português e, portanto, precisarem consumir obras que vão fazê-las, milagrosamente, aprender a "falar corretamente". O seguinte texto extraído de um site[6] dá muito bem a medida do que falamos:

CAPITAL HUMANO 01/12/2006

"Gerundismo" leva empresa a fazer campanha intensiva de leitura e escrita

Marina Rosenfeld e Karina Costa (colaboração) especial para o GD

O uso incorreto da língua portuguesa pelos profissionais brasileiros tem sido uma preocupação constante das empresas. Para evitar "gerundismos" e vícios de linguagem, a TMS Call Center, de telemarketing, iniciou uma campanha que inclui de leitura de livros em horário de trabalho a concursos de poesias.

Na primeira etapa foi lançada a Semana do Livro para promover a troca de obras entre os funcionários. Durante o expediente são lidos trechos de livros de autores consagrados da literatura brasileira. Cada funcionário vira um contador de história e divide com os colegas suas leituras preferidas.

A segunda fase é composta por palestras com especialistas e autores sobre temas como "gerundismo", "etiqueta", comunicação escrita, vícios de linguagem, gramática, linguística e pronúncia.

Por fim, foi criada a Semana da Poesia que premia os melhores poemas escritos por funcionários sobre temas comuns ao cotidiano da empresa.

Depois do exposto, cabe perguntar: há saída para se conseguir estancar as fontes de preconceito e de intolerância? Nossa reflexão levou-nos ao reconhecimento de que tanto o preconceito quanto a intolerância têm origem não nas diferenças, porque estas existiram e existirão em todas as circunstâncias da vida humana, mas na não aceitação de que as diferenças são próprias do homem, são inerentes à vida social, são normais. Não podemos dizer que esses fenômenos, o preconceito e a intolerância, são decorrentes simplesmente do "estado de saber", ou seja, da maior ou menor cultura ou do acúmulo de conhecimento, porque, como vimos aqui, muitos indivíduos de alta cultura são preconceituosos ou intolerantes. A saída não é a educação cumulativa, é a *educação conscientizadora* pela dialética do esclarecimento, conforme ensina Adorno (2003), por meio da qual se pode *produzir a consciência verdadeira.*

Notas

[1] José Machado, revista *Educação*.

[2] Ney Figueiredo.

[3] Malu Gaspar e Alexandre Oltramari, *Veja*.

[4] Leonardo Coutinho.

[5] Ronaldo França, *Veja*.

[6] Gilberto Dimenstein, Jornal Comunitário. Disponível em: <http://www1.folha.uol.com.br/folha/dimenstein/quem_somos/index.htm>.

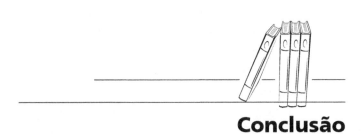

Conclusão

O preconceito linguístico, tema recorrente em conversas e debates, não tem tido tratamento rigoroso. Como o assunto é fluido pela natureza interdisciplinar, é difícil de ser teórico e metodologicamente tratado. A intolerância linguística, por sua vez, não havia sido reconhecida nem distinguida do preconceito até pouco tempo.

Depois da análise, concluímos que o preconceito linguístico é mais difícil de ser notado porque não vem acompanhado de linguagem que o denuncie, de metalinguagem. Por isso, a vítima do preconceito não sofre agressões diretas, e o preconceito pode até ser confundido com uma denúncia banal de qualquer uso linguístico. O preconceito advém da rejeição à diferença, assim como a intolerância, e embora aquele não se manifeste explicitamente, essa, sim.

O preconceituoso pode "não gostar" do jeito de falar do outro e, por isso, pode julgá-lo negativamente, prejudicando-o de alguma forma. O que pode acontecer, por exemplo, com o sujeito que tem sotaque regional e, ao concorrer a uma vaga de emprego, venha a perdê-la porque um examinador preconceituoso, por não apreciar a linguagem caipira, por achá-la caipira ou coisa congênere, nega a vaga ao candidato, por entender que alguém de fala caipira não é apto ao cargo. É preciso, portanto, atenção redobrada para reconhecer e combater a atitude preconceituosa contra a linguagem.

A intolerância não usa máscaras, ela se anuncia tal como é por meio de linguagem que comenta a linguagem, a metalinguagem. A característica fundamental da intolerância linguística é veicular agressividade verbal contra alguém em razão da linguagem que usa. Desse modo, o agressor desqualifica o agredido, usando como argumento um fato qualquer de linguagem, que pode ser uma falha gramatical, uma palavra mal escolhida, o sotaque, ou qualquer uso linguístico que dê espaço à crítica. É comum os intolerantes afirmarem que as falhas apontadas mostram defeitos maiores do *outro*, tal como a dificuldade de raciocínio, a falta de clareza na exposição das ideias, a dificuldade de pensar de modo organizado ou, até mesmo, a incapacidade de pensar.

Toda a nossa exposição visou mostrar que o preconceito e a intolerância existem, se há e quando há rejeição às diferenças do outro de modo a comprometer ambas as partes: o preconceituoso, ou intolerante, por não conseguir enxergar os fatos tal como eles são, sem filtros ideológicos que venham a prejudicar o *outro*; e a vítima, por sofrer a agressão e ter, de imediato ou não, prejuízos em sua vida social.

Os textos analisados ilustraram essas situações. Evidenciaram como alguém pode elevar a tão alto grau o preconceito que, ao julgar fato idêntico, o faz a partir de critérios diferentes e, assim, compromete definitivamente seu julgamento. Esse foi o caso do jornalista que condenou a criação linguística do ex-ministro Magri, por questões sociais e políticas, e que validou a criação do ex-presidente, na época somente ex-ministro, Fernando Henrique Cardoso, também por questões sociais e políticas. O fiel da balança pesou para o lado preferido do julgador e, não bastasse isso, desqualificou o lado rejeitado. Sua atitude ratificou o ditado popular que diz de alguém que usa "dois pesos e duas medidas" para medir peças idênticas: foi injusto e intolerante.

Outros exemplos também mostraram como a linguagem dá margem a comentários intolerantes. Os redatores das cartas dirigidas ao jornal, não tão proficientes assim na norma culta – como se pôde observar no texto das cartas apresentadas –, não somente cobram sua estrita realização por parte dos jornalistas como os desqualificam por terem cometido um erro de qualquer natureza. Assim, os jornalistas são considerados ignorantes e estúpidos por terem escrito uma palavra de modo equivocado ou por terem colocado mal (ou não colocado) uma crase. Também, há jornalistas que fazem da norma culta uma arma cujas vítimas são todos aqueles que não estiverem em estrita concordância com ela.

Tomar consciência de como o preconceito e a intolerância linguísticos se manifestam é o primeiro passo que pode dar alguém que os quer combater. Assim farão os professores quando entenderem que os alunos não devem ser julgados pela linguagem que usam, mas pelo que efetivamente são, porque aprender outros modos de falar é só mais uma etapa na vida de alguém que é íntegro como é, com a linguagem que domina, seja essa pessoa de que estrato social for. Isso é o que esperamos ter oferecido neste livro, no sentido da dialética do esclarecimento da qual fala Adorno.

Para finalizar, apresentamos uma *ode à tolerância linguística*, no poema de um linguista:

Imagine o impossível!

Imagine o impossível!
Imagine o impossível!

Imagine a situação!

Um idioma puro, puro.

Um idioma perfeito,
  sem diferenças,
    sintáticas,
    morfológicas,
    e lexicais.

Um idioma puro,
  sem gíria,
  sem expressões idiomáticas,
  sem palavrões,
  sem desvios, lapsos e falhas,
    sem flexibilidade, sempre rígido,
      imutável e uniforme.

Um idioma perfeito, sempre cristalino.

Simplesmente puro,
  sem presença humana,
  sem usuários de carne e osso,

sem suas múltiplas vozes
  sem fibra,
  sem paixão,
  sem cultura.

Um idioma sem ideias,
  em que os falantes todos
    pensam igual ou até não pensam.

Um idioma sem diferenças de opinião
  entre os que falam e escrevem.
Um idioma sem palavras carinhosas,
  sem compaixão, sem piedade
Um idioma desprovido de conflitos
e de tensões,
  sem humor,
  sem piadas,
  sem alegria,
  sem paciência, sem tolerância
  sem ambiguidades,
    sempre certinho, certinho.

Um idioma sem graça,
sem, na dose certa, de uma pitada
de sal, de pimenta
ou de açúcar,
radicalmente insosso.

Um idioma sem diversidade,
sem variedades e variações,
sem brilho, sem vida

Um idioma sem mudança e sem futuro,
sem jeito e sem jeitinho.

Imagine o impossível!

É possível?

Ainda bem que é impossível!
Ainda bem que é impossível!

John Robert Schmitz – Unicamp

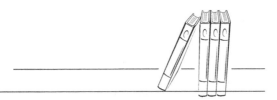

Referências bibliográficas

Estudos

ADORNO, Theodor W. *Educação e emancipação*. 3. ed. Trad. Wolfang Leo Maar. Rio de Janeiro: Paz e Terra, 2003.
ALÉONG, Stanley. Normes linguistiques, normes sociales, une perspective antropologique. In: BEDART, Édith; MAURAIS, Jacques (ed.). *La Norme linguistique*. Paris: LeRobert, 1983.
AUROUX, Sylvain. *Le raison, les langage et les normes*. Paris: PUF, 1998.
BECHARA, Evanildo. Imexível. *D. O. Leitura*. São Paulo: Imprensa Oficial, 09 jun. 1990, p. 8.
BOBBIO, Norberto. *A era dos direitos*. Trad. Carlos Nelson Coutinho. Rio de Janeiro: 1992.
DASCAL, Marcelo. Tolerância e interpretação. In: _____. (org.). *Conhecimento, linguagem, ideologia*. São Paulo: Perspectiva/Edusp, 1989. (Col. Debates).
DOWNES, William. *Language and society*. 2. ed. Cambrigde: Cambridge University Press, 1998.
FOUCAULT, Michel. *As palavras e as coisas:* uma arqueologia das ciências humanas. Trad. Salma Tannus Muchail. São Paulo: Martins Fontes, 2002.
GILES, Howard; COUPLAND, Nikolas. *Language:* contexts and consequences. Buckingham: Open University Press, 1991.
HALLIDAY, M. K. et al. Os usuários e os usos da língua. In: _____. *As ciências linguísticas e o ensino de línguas*. Trad. Myriam F. Morau. Petrópolis: Vozes, 1974.

LABOV, William. *The Social Stratification of English in New York City*. Washington: Center for Applied Linguistcs, 1966, capítulo 11.

LAMBERT, W. E.; HODGSTOM, R. C.; GARDNER, R. C.; FILLEBAUM, S. Evaluational reactions to spoken languages. *Journal of Abnormal and Social Psychology*, 1960, 60, pp. 44-51.

LANDOWSKI, Eric. *Présences de l'autre*. Paris: PUF, 1997.

LEITE, Marli Quadros. Intolerância e linguagem: um estudo de caso. *Rev. Anpoll*, jan./jun. 2003, n. 14, pp. 175-88.

_____. Variação linguística: dialetos, registros e norma linguística. In: SILVA, L. A. (org.). *A língua que falamos*. Português: história, variação e discurso. São Paulo: Globo, 2005a.

_____. Intolerância linguística na imprensa. *Linha d'Água*, dez. 2005b, n. 18, pp. 81-96.

MARCUSE, Herbert. Tolerância repressiva. In: WOLFF, Paul; MOORE, Barrington (orgs.). *Crítica da tolerância pura*. Rio de Janeiro: Zahar, 1969.

PERELMAN, Chaïm; TYTECA-OLBRECHTS, Lucie. *Tratado de argumentação:* a nova retórica. 2. ed. Trad. Maria Ermantina de Almeida Prado Galvão. São Paulo: Martins Fontes, 2005.

PRETI, Dino. *Sociolinguística*: os níveis da fala. 7. ed. São Paulo: Edusp, 1994.

ROUANET, Sérgio Paulo. O eros da diferença. *Folha de S.Paulo*, 9 fev. 2003. Caderno Mais.

SCHMITZ, John Robert. Sobre o gerúndio e "gerundismo": uma análise de um assunto emotivo e polêmico. *Confluência*, n. 31, 1º semestre de 2006.

WITTGENSTEIN, L. *Tratado lógico-filosófico e investigações filosóficas*. Trad. M. S. Lourenço. Lisboa: Fundação Calouste Gulbenkian, 1987.

Fontes

ANGELO, Ivan. Guerrilha urbana. *Veja São Paulo*, 19 maio 1999.

_____. Tropeços: a graça e a lógica de certos enganos da fala. *Veja São Paulo*, 23 abr. 2003. Disponível em: <http://veja.abril.com.br/vejasp/230403/cronica.html>.

_____. Nossos tropeços. *Veja São Paulo*, 08 jan. 2004. Disponível em: <http://veja.abril.com.br:80/idade/exclusivo/vejasp/081204/cronica.html>.

AZEVEDO, Reinaldo. As palavras e as coisas: ministro corre o risco de optar por poesia. *Folha de S.Paulo*, 17 ago. 1993. Caderno C1-7.

BERABA, Marcelo. Em bom português. *Folha de S.Paulo*, 18 abr. 2005. Disponível em: <www.folha.com.br>.

CARRASCO, Walcyr. Certo ou errado? *Veja São Paulo*, 16 de fev. 2005.

CARVALHO, Olavo de. Poses e trejeitos. *Folha de S.Paulo*, 16 out. 2002. Coluna Tendências e Debates.

CENEVIVA, Walter. Tratando de comborças e namoradas. *Folha de S.Paulo*, 15 mar. 2003. Coluna Letras Jurídicas.

COUTINHO, Leonardo. Todo mundo fala asssim. *Veja*, 25 jul. 2001.

FERNANDES, Millôr. 10 nothas. *Veja*, 09 mar. 2005, ed. 1895, ano 38, n. 10.

FIGUEIREDO, Ney. Por que Lula continua competitivo? *Folha de S.Paulo*, 1º maio 2006.

FRANÇA, Ronaldo. Mulheres revisadas – Globo contrata professora para evitar erros em novela. *Veja*, 3 set. 2003.

FREIRE, Vinicius Torre. Preguiça "desgramada" e outras gafes. *Folha de S.Paulo*, 19 abr. 2004. Caderno C-1.

Frias Filho, Otávio. Sobre Lula. *Folha de S.Paulo*, 8 nov. de 2001. Caderno C-1.

Gaspar, Malu; Oltramari, Alexandre. Por que os discursos de Lula causam polêmica. *Veja*, 9 jul. 2003.

Krammer, Dora. Em nome da lei do pior esforço. *O Estado de S. Paulo,* 26 jan. 2005.

Kujawski, Gilberto de Mello. O linguajar de Lula. *O Estado de S. Paulo*, 17 fev. de 2005.

Lima, João Gabriel de. Falar e escrever bem. *Veja*, 7 nov. 2001.

Machado, Josué. Lula e a língua do povo. *Educação*, mar. 2003, ano 06. n. 71.

Rey, Marcos. Nome feio, jamais: o homem que nunca falava palavrão. *Veja São Paulo*, 8 out. 1997.

Scliar, Moacyr. Puxadinhos. *Folha de S.Paulo*, 19 mar. 2007.

Valladares, Ricardo. A última do português. *Veja*, 1º dez. 2003.

Dicionários

Câmara Jr., Joaquim. *Dicionário de linguística e gramática*. 14. ed. Petrópolis: Vozes, 1998.

Ferreira, Aurélio Buarque de Holanda. *Novo Aurélio* – Séc. xxi. O dicionário da língua portuguesa. Rio de Janeiro: Nova Fronteira, 1999.

Houaiss, Antônio. *Dicionário Houaiss da língua portuguesa*. Rio de Janeiro: Objetiva, 2001.

Voltaire. *Dicionário filosófico*. Trad. Pietro Nasseti. São Paulo: Martin Claret, 1994.

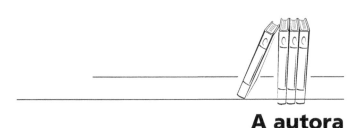

A autora

Marli Quadros Leite é professora livre-docente da Universidade de São Paulo (USP), alocada na Faculdade de Filosofia, Letras e Ciências Humanas (FFLCH) e no Departamento de Letras Clássicas e Vernáculas. Doutorou-se na mesma Universidade, pelo Departamento de Linguística, onde também fez seu mestrado. Tem no *curriculum* dois pós-doutorados no exterior: um na University of Pennsylvania (EUA) e outro na Université de Paris VII – Denis Diderot (França), em associação com a École Normale Supérieure de Lyon e o Laboratoire d'Histoire des Théories Linguistiques. É autora do Projeto Nurc/SP, em que são desenvolvidas as pesquisas sobre norma e uso linguísticos, oralidade e sua relação com a escrita, e do Laboratório de Estudos da Intolerância (LEI), no qual trabalha com o preconceito e a intolerância em sua relação com a norma e o uso linguísticos. Além disso, participa da Société d'Histoire et d'Epistémologie des Sciences du Langage, à qual se filiam seus trabalhos sobre Historiografia Linguística.